1 MISCHBEHÄLTER

Verwendung

Der auf der Gesamtzeichnung dargestellte Mischbehälter soll im Rahmen eines Versuchsaufbaus zum Zusammenführen unterschiedlichen Granulats dienen

Gesamtauftrag

Nach der Gesamtzeichnung mit Stückliste und anderen technischen Unterlagen sind alle Bauteile herzustellen, die nicht als Fertig- oder Normteil bezogen werden können. Hierzu ist zunächst die Gesamtzeichnung zu analysieren. Anschließend sind die unterschiedlichen Bauteile nach einzelnen Arbeitsaufträgen zu fertigen.

Arbeitsaufträge

Zum Erfüllen des Gesamtauftrages sind folgende Arbeitsaufträge auszuführen:

1.1 Analyse der Gesamtzeichnung

1.2 Fertigen des Befestigungsflansches (Pos. 5),

1.3 Fertigen des Haltebügels (Pos. 6),

1.4 Abwickeln des Einfüllbehälters (Pos. 1),

1.5 Abwickeln des Einfüllstutzens (Pos. 4),

1.6 Abwickeln des Übergangstückes (Pos. 2).

1.7 Fertigen der Blechzuschnitte

1.8 Herstellen des Haltebügels präsentieren

Pos.	Menge	Einh.	Benennung	Sachnummer/Norm-Kurzbezeichnung	Bemerkung
9	2	Stck.	Federring	DIN 128 – 6	
8	2	Stck.	Sechskantmutter	DIN EN 24032 – M6 – 8	
7	5	Stck.	Sechskantschraube	DIN EN 24017 – M6 x 16 – 8.8	
6	1	Stck.	Haltebügel	01–06	
5	1	Stck.	Befestigungsflansch	01–05	
4	1	Stck.	Einfüllstutzen	01–04	
3	1	Stck.	Rohr	DIN 2458 – S 235 – 38 x 2,3 x 45	
2	1	Stck.	Übergangsstück	01–02	
1	1	Stck.	Einfüllbehälter	01–01	
1	2	3	4	5	6

DIN ISO 2768 – m

DIN ISO 1302

Maßstab 1:1

(Masse)

	Datum	Name
Bearb.	11.07.04	W. Rund
Gepr.		
Norm		
Abt.		

Mischbehälter

westermann

01–00

Blat

Bl.

Zust.	Änderung	Datum	Name	Ursprung	Ersatz für :	Ersetzt durch :

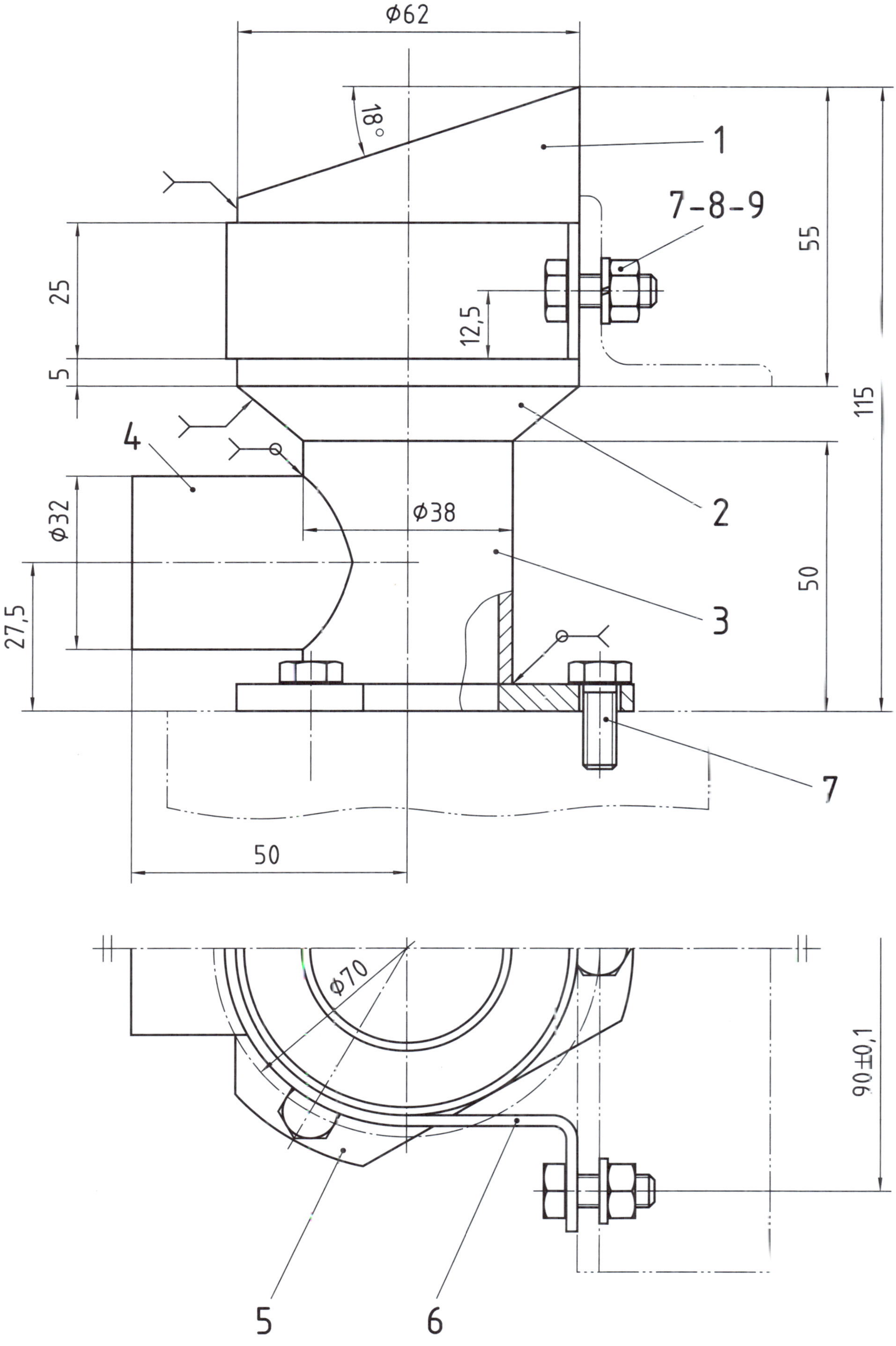

= Lötstelle

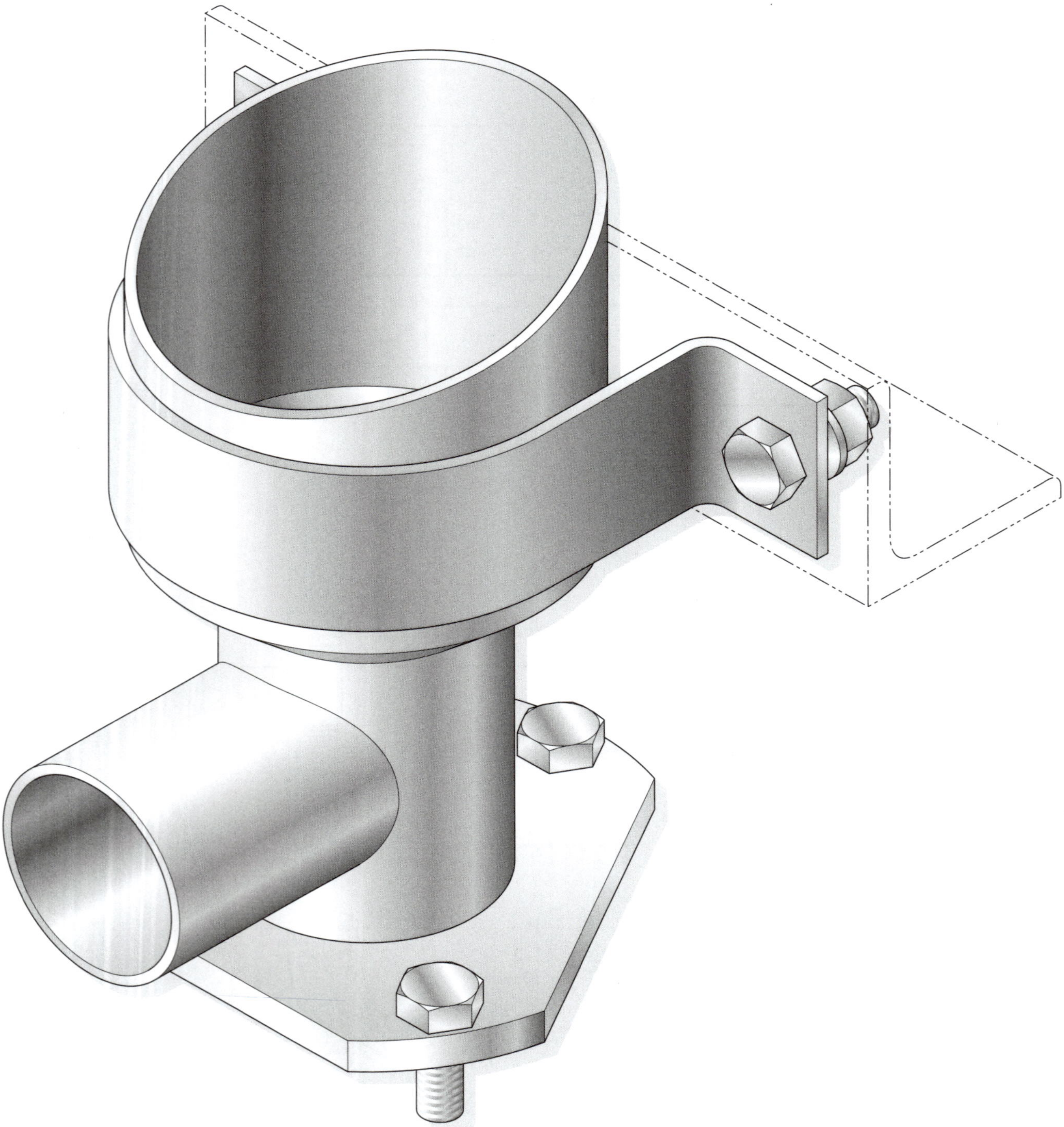

1. Zu Beginn Ihres Arbeitsauftrages erhalten Sie eine Gesamtzeichnung mit Stückliste. Beschreiben Sie anhand dieser Unterlagen den Aufbau des Mischbehälters und tragen Sie das Ergebnis mündlich vor (z. B. einer Arbeitsgruppe).

Name	Klasse	Datum

1.1 Notizen

Name	Klasse	Datum

Fertigen des Befestigungsflansches (Pos. 5)

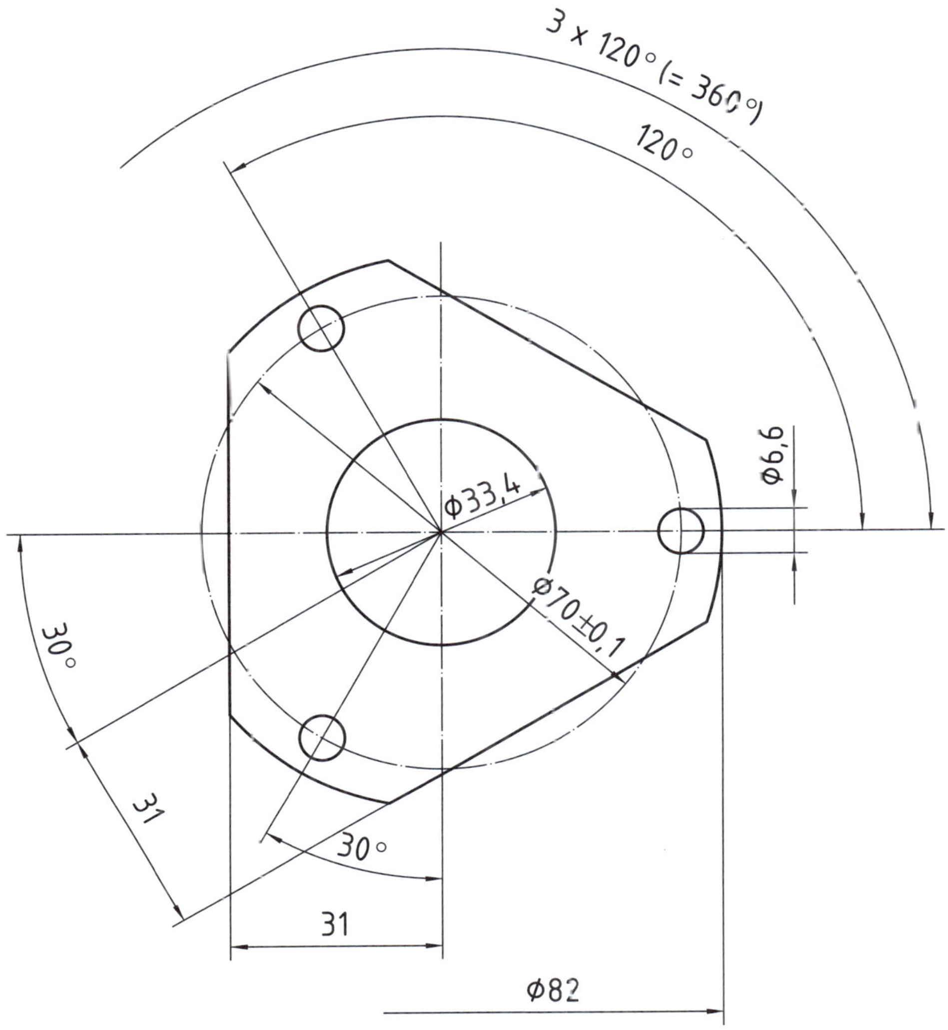

t = 5

Kanten entgratet

	DIN ISO 2768 - m	DIN ISO 1302	Maßstab 1:1	(Masse)	x
			Bl EN 10 029 - 5 x ⌀82 - S 235 JR		
		Datum	Name	Befestigungsflansch	
	Bearb.	10/2004	W. Rund		
	Gepr.				
	Norm				
	Abt.				
	westermann			01-05	Blatt
					Bl.
Zust. / Änderung / Datum / Name	Ursprung			Ersatz für :	Ersetzt durch :

Name Klasse Datum

1.2 Notizen

Name	Klasse	Datum

Fertigen des Befestigungsflansches (Pos. 5)

1. Der Befestigungsflansch ist auf der Teil-Zeichnung 01-05 in nur einer Ansicht dargestellt. Beschreiben Sie die Grundform des Werkstückes und nennen Sie die zugehörigen Grundmaße.

   Grundform:

   Grundmaße:

2. Der Befestigungsflansch ist mit unterschiedlichen Linienarten dargestellt. Ordnen Sie den Linienarten einen Verwendungszweck zu.

   Volllinien, breit:

   Volllinien, schmal:

   Strichpunktlinie:

3. Aus welchen Elementen besteht eine Maßangabe für ein Längenmaß?

4. Welche Bedeutung hat die Maßzahlangabe 3 x 120° (= 360°)?

5. Begründen Sie die Darstellung der Maßlinie des Maßes Ø 82 mit nur einem Maßpfeil und verkürzter Maßlinie.

6. Im Schriftfeld ist die Werkstoff- bzw. Halbzeugbezeichnung mit Bl EN 10029 - 5 x Ø 82 - S 235 JR angegeben. Erklären Sie diese Angabe.

   Bl EN 10 029

   5 x Ø 82

   S 235 JR

7. Geben Sie für den Stahl S 235 JR die Einteilung nach der Verwendung und der Hauptgüteklasse an.

   Einteilung nach der Verwendung:

   Einteilung nach der Hauptgüteklasse:

Name	Klasse	Datum

1.2 Fertigen des Befestigungsflansches (Pos. 5)

8. Sie erhalten den Befestigungsflansch als Halbfertigteil mit dem Auftrag, ihn anzureißen. Beschreiben Sie was Anreißen bedeutet.

9. Erstellen Sie einen Arbeitsplan zum Anreißen des Befestigungsflansches.

Lfd. Nr.	Arbeitsvorgang	Arbeitsmittel	Arbeitswerte/ Bemerkungen

10. Mit einer Handsäge sind Teile des Flansches abzutrennen. Beschreiben und begründen Sie die Auswahl eines geeigneten Handsägeblattes.

11. Ein anderer Befestigungsflansch soll auf einer Maschinensäge getrennt werden. Nennen Sie mindestens drei Unterscheidungsmerkmale zwischen einem Maschinen- und Handsägeblatt.

Maschinensägeblatt	Handsägeblatt

12. Nach dem Sägen ist der Befestigungsflansch zu einer Bohrstation zu bringen. Welche Arbeit sollten Sie vor dem Transport zu dieser Station noch durchführen?

Name	Klasse	Datum

13. Nach dem Bohren des Flansches erhalten Sie das Werkstück mit dem Auftrag zurück, daran Längen zu prüfen. Ermitteln Sie zunächst die geforderten Toleranzen nach der Zeichnung.

14. Beschreiben Sie die Durchführung der Prüfung für das Längenmaß 31.

15. Berechnen Sie das Kontrollmaß *l* zur Prüfung des Durchmessers 70.

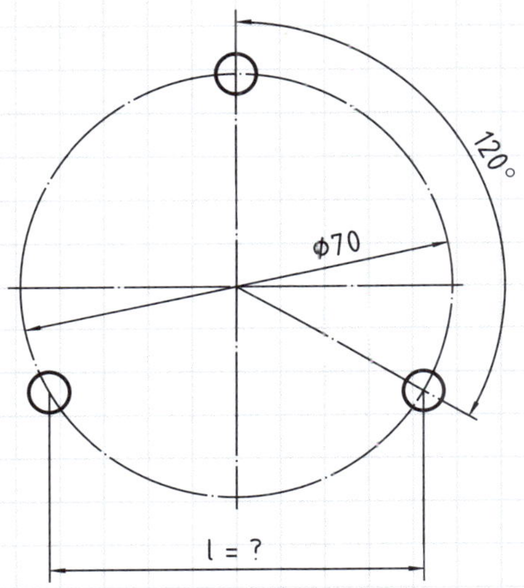

16. Beschreiben Sie die praktische Durchführung zum Prüfen des Maßes *l* aus Aufgabe 15.

17. Beim Prüfen eines der 30°-Winkel ermitteln Sie das Istmaß 31°. Geben Sie an, ob die zulässigen Abweichungen noch innerhalb der Toleranz liegen.

18. Nennen Sie mögliche Ursachen für Prüfabweichungen.

Name	Klasse	Datum

1.2 Notizen

Name	Klasse	Datum

Fertigen des Haltebügels

1. Zur Herstellung des Haltebügels wird eine Teil-Zeichnung benötigt. Bemaßen Sie den Haltebügel (Pos. 6). Dabei sind folgende Hinweise zu beachten:
   - Bestimmen Sie den kleinstzulässigen Biegeradius für die Schenkel nach DIN 250, wenn für den Bügel ein Werkstoff mit einer Mindestzugfestigkeit von ≤ 390 N/mm² verwendet werden soll.
   - Die Gesamtlänge des fertig gebogenen Bügels beträgt 105 mm.
   - Die Blechdicke beträgt 2 mm.

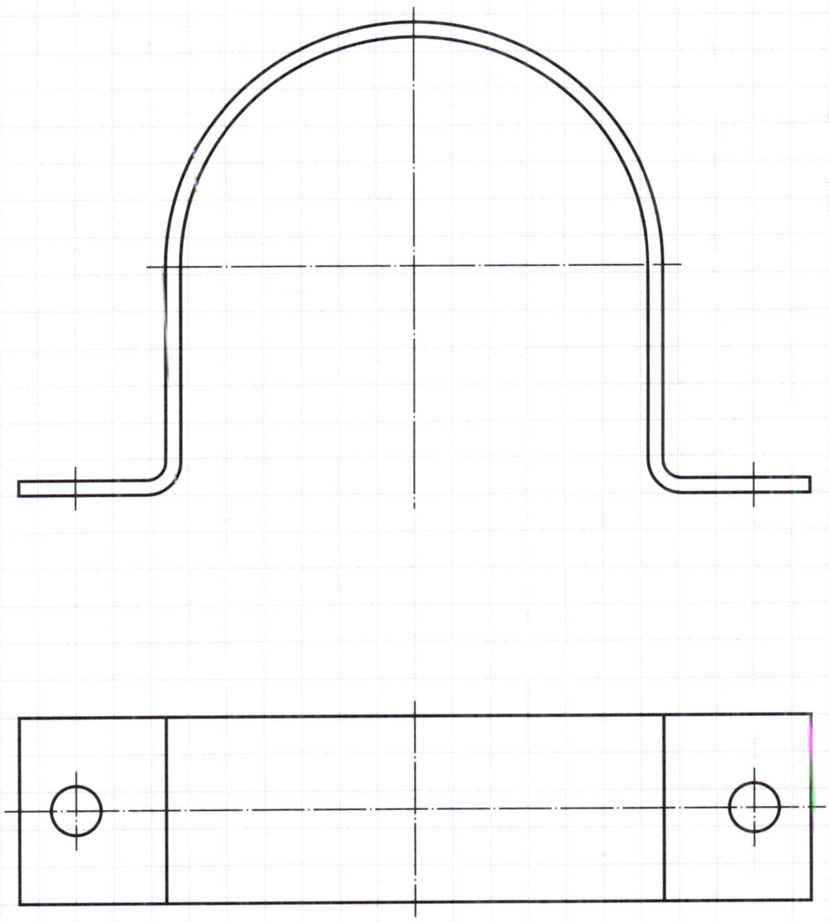

Name | Klasse | Datum

1.3 Notizen

Name	Klasse	Datum

2. Erstellen Sie eine Zuschnittszeichnung für den Haltebügel mit allen Maßen. Berechnen Sie hierzu die gestreckte Länge und die Lage der Biegelinien.

   Hinweis:
   Die Länge der kleinen Biegeradien sind unter Berücksichtigung des Ausgleichsfaktors zu berechnen.
   Der 180°-Bogen ist über die neutrale Faser zu berechnen.

Name	Klasse	Datum

1.3 Fertigen des Haltebügels

3. Der Haltebügel soll aus dem Werkstoff S 235 JR gefertigt werden. Nennen Sie die der Werkstoffbezeichnung anzufügende Kennzeichnung, wenn eine Kaltumformbarkeit gewährleistet werden soll.

4. Der Zuschnitt für den Bügel soll aus einer größeren Blechtafel herausgeschnitten werden. Begründen Sie, warum die Lage des Zuschnitts so gewählt werden soll, dass die Biegekanten senkrecht zur Walzrichtung des Bleches liegen sollen.

5. Beschreiben Sie die sich beim Biegen ergebenden Querschnittsveränderungen.

Zugzone:

Druckzone:

Neutrale Faser:

6. Beschreiben Sie, wie Sie die Rückfederung beim Biegen der 90°-Schenkel berücksichtigen.

7. Beschreiben Sie die Möglichkeiten zum Biegen des Haltebügels.

8. Mit welchen Messgeräten prüfen Sie die Maße des Bügels nach dem Biegen? Begründen Sie Ihre Auswahl.

Name	Klasse	Datum

Abwickeln des Einfüllbehälters

1. a) Berechnen Sie das Maß l in der vorgegebenen Zeichnung.
   b) Zeichnen Sie die Abwicklung des Einfüllbehälters (Pos. 1) im Maßstab 1:1 im Querformat.
   c) Tragen Sie die Grundmaße in den Zuschnitt ein.

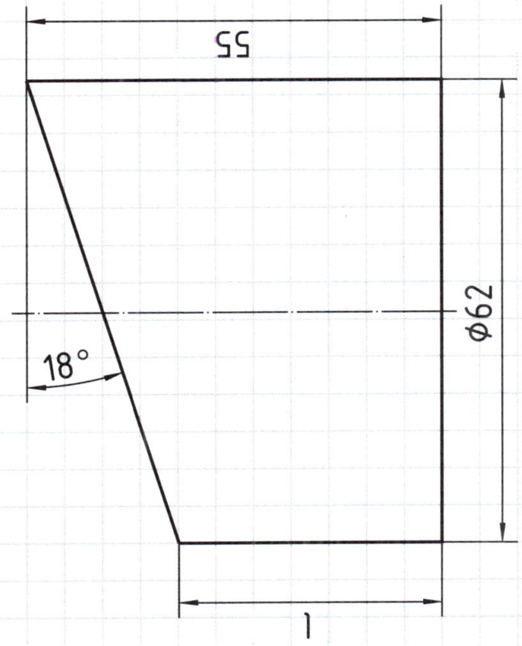

Name	Klasse	Datum

1.4 Notizen

Name

Klasse

Datum

Abwickeln des Einfüllstutzens

1. a) Berechnen Sie das Maß l in der vorgegebenen Zeichnung.
   b) Berechnen Sie die gestreckte Länge der Abwicklung des Einfüllstutzens (Pos. 4).
   c) Tragen Sie in den Zuschnitt des Einfüllstutzens alle Grundmaße ein.

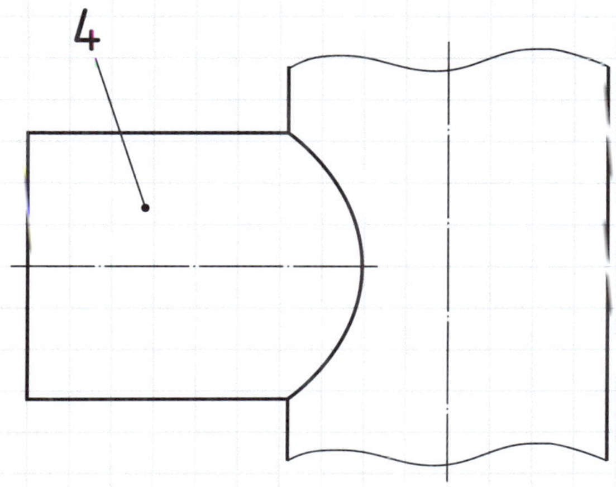

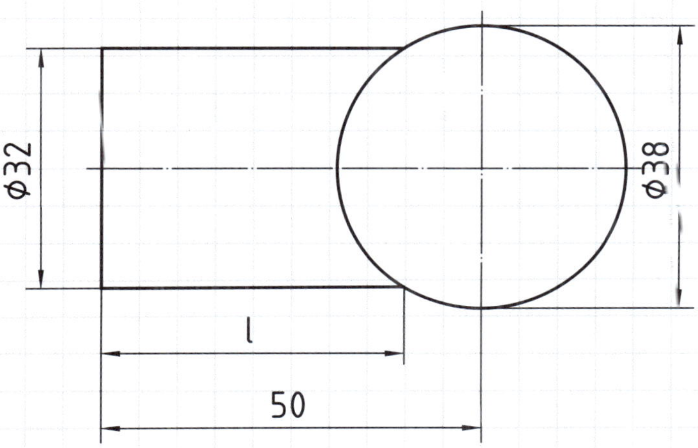

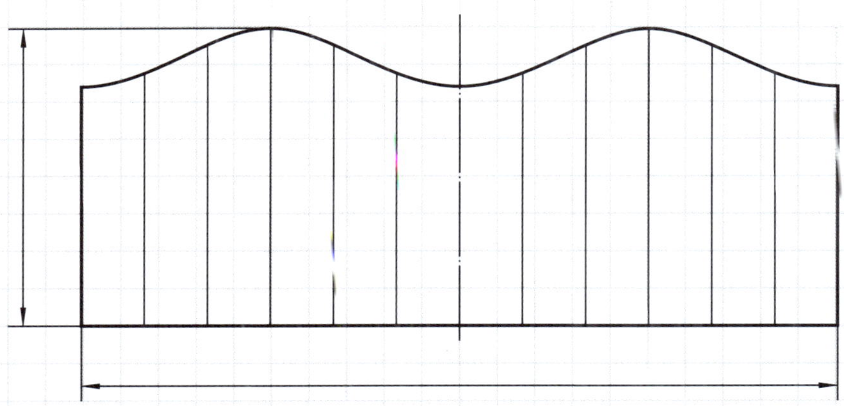

t =

Name | Klasse | Datum

1.5 Notizen

Name Klasse Datum

1. a) Führen Sie alle zur Herstellung der Abwicklung erforderlichen Berechnungen aus.
   b) Bemaßen Sie die Ansicht und den Zuschnitt.

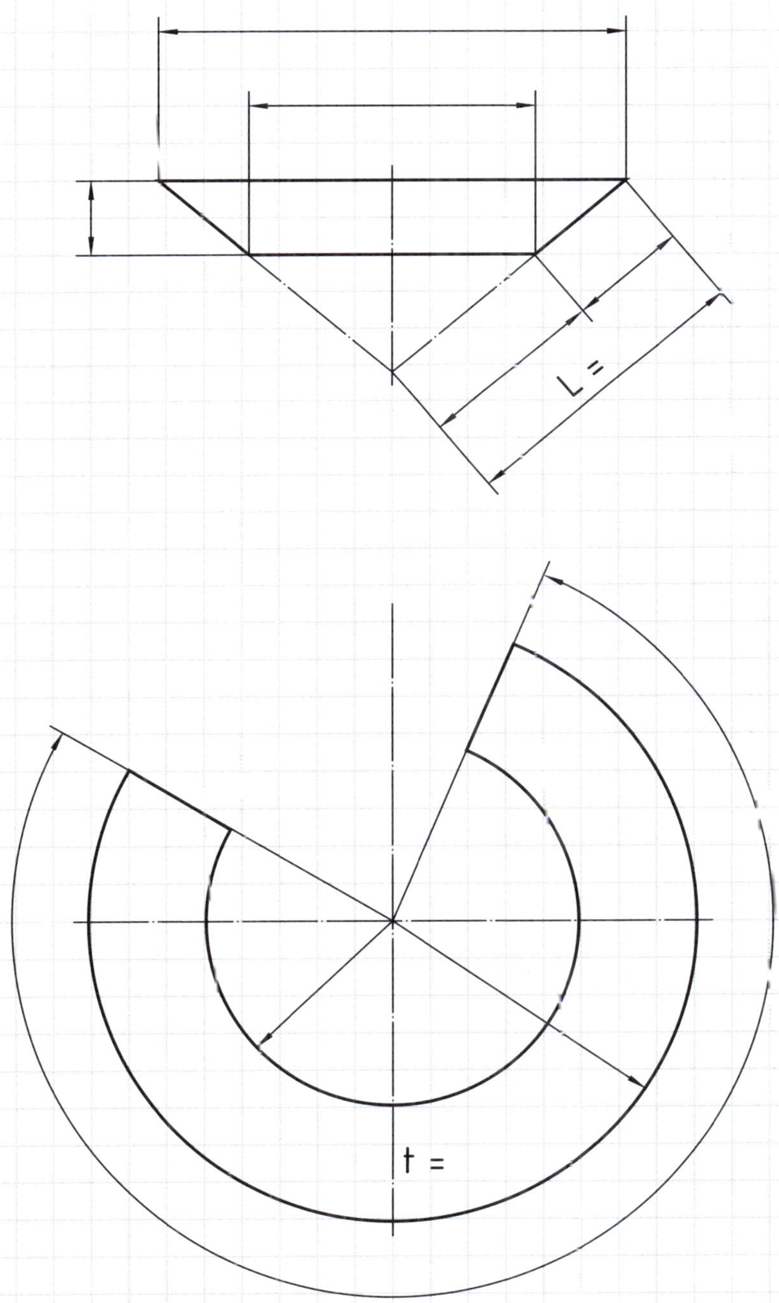

Name Klasse Datum

1.6 Notizen

Name	Klasse	Datum

1. Die Zeichnung zeigt die Anreißschablonen im M 1 : 1 für die Pos. 1, 2 und 4.
   Ermitteln Sie mit deren Hilfe den Mindestblechbedarf zur Fertigung der drei Abwicklungen.

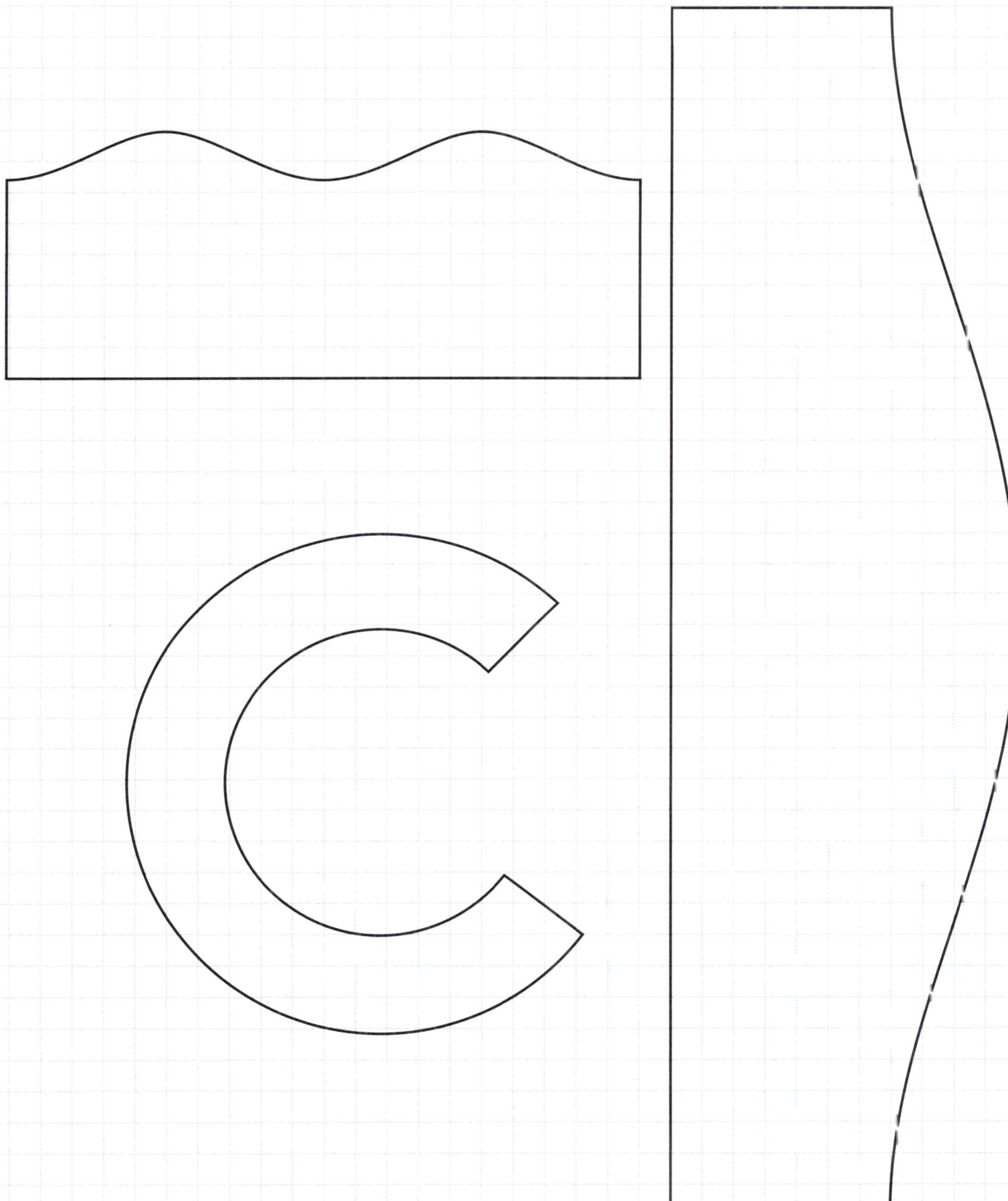

Name	Klasse	Datum

2. Die Konturen der Abwicklungen sind auf einer Blechtafel anzureißen. Beschreiben Sie, welche Hilfe die Zeichnungen im Maßstab 1:1 dabei sein können.

3. Die Zuschnitte sind mit Handblechscheren herzustellen. Ordnen Sie den einzelnen Scheraufgaben die jeweilige Scherenart zu.

a) Außenkreisform des Übergangsstückes (Pos. 2) =

b) Kurvenformen des Einfüllbehälters (Pos. 1) und des Einfüllstutzens (Pos. 4) =

c) gerade Schnitte aller Blechteile =

d) Innenkreisform des Übergangsstücks (Pos. 2) =

4. Beim Scheren eines Bleches stellen Sie rissige Schnittflächen mit starker Gratbildung fest. Beschreiben Sie die Ursache und die Maßnahme, um diesen Mangel zu beseitigen.

5. a) Beim Scheren eines Bleches soll die Scherkraft F_S = 410 N betragen. Berechnen Sie die dazu von Ihnen aufzubringende Handkraft F_H, wenn Ihre Schere eine Hebellänge von l_H = 160 mm hat und die Länge des Hebelarms für die Scherkraft l_S = 30 mm beträgt.

b) Erklären Sie vor einer Gruppe anhand dieser Aufgabe und einer Prinzipskizze das Hebelgesetz.

Name	Klasse	Datum

1.7 Notizen

Name	Klasse	Datum

1. Präsentieren Sie die Reihenfolge zur Herstellung des Haltebügels (Pos. 6). Dieses kann z. B. mithilfe einer Präsentationssoftware erfolgen oder auf einem Plakat dargestellt werden. Verwenden Sie dabei Ihre bisher erstellten Zeichnungen, neue Skizzen sowie Fotos oder Zeichnungen von Werkzeugen.

   Die Abbildungen 1 und 2 dienen zur Anregung und könnten mit den Schritten „Fertigen der Bohrungen“, „Abkanten der Schenkel“, „Runden des Bogens“ und „Prüfen der Maße“ fortgesetzt werden.

Abb. 1

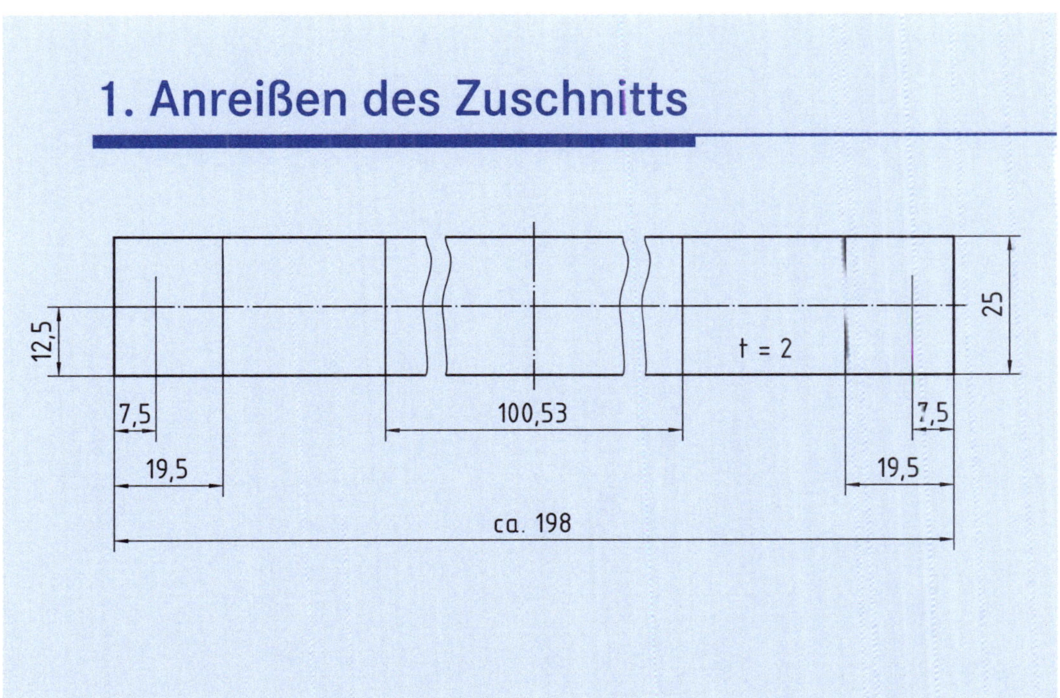

Abb. 2

Name	Klasse	Datum

1.8 Herstellen des Haltebügels präsentieren

Name	Klasse	Datum

Name	Klasse	Datum

1.8 Herstellen des Haltebügels präsentieren

Name	Klasse	Datum

VERSTELLBARER ANSCHLAG 2

Verwendung

Der verstellbare Anschlag dient zum Positionieren von Werkstücken auf Werkzeugmaschinen. Dazu wird die Platte (Pos. 1) des Anschlages auf dem Maschinentisch verschraubt.

Der Anschlag lässt sich in der Höhe zwischen 30 bis 190 mm einstellen. Die Anschlagstange (Pos. 4) lässt sich in Längsrichtung um 140 mm verschieben. Über die Sechskantmutter (Pos. 6) und den Stellbolzen (Pos. 5) kann eine Feineinstellung vorgenommen werden.

Gesamtauftrag

Um das Ausrichten und Positionieren von Werkstücken auf einer Fräsmaschine in einer Kleinserienfertigung zu vereinfachen und zu beschleunigen sollen verstellbare Anschläge eingesetzt werden. Insgesamt sollen fünf Anschläge hergestellt werden.

Von den anzufertigenden Anschlägen liegen die Gesamtzeichnung mit der Stückliste sowie ein Prototyp im Betrieb vor.

Arbeitsaufträge

2.1 Festlegen der benötigten Halbzeuge und Werkstoffe

2.2 Fertigen des Klemmhalters (Pos. 3)

2.3 Drehen der Anschlagstange (Pos. 4)

2.4 Fräsen der Platte (Pos. 1)

Pos.	Menge	Einh.	Benennung	Sachnummer/Norm-Kurzbezeichnung	Bemerkung
8	1	Stck.	Kugelknopf	DIN 319 – C 25 FS m	
7	2	Stck.	Zylinderschraube	ISO 4762 – M8 x 20 – 8.8	
6	1	Stck.	Sechskantmutter	ISO 4032 – M10 – 8	
5	1	Stck.	Stellbolzen		
4	1	Stck.	Anschlagstange		
3	1	Stck.	Klemmhalter		
2	1	Stck.	Säule		
1	1	Stck.	Platte		
1	2	3	4	5	6

DIN ISO 2768 – m

DIN ISO 1302

Maßstab 1:1

(Masse)

	Datum	Name
Bearb.	20.12.04	Kaese
Gepr.		
Norm		
Abt.		

verstellbarer Anschlag

westermann

02-00

Blat

Bl.

Zust.	Änderung	Datum	Name

Ursprung

Ersatz für :

Ersetzt durch :

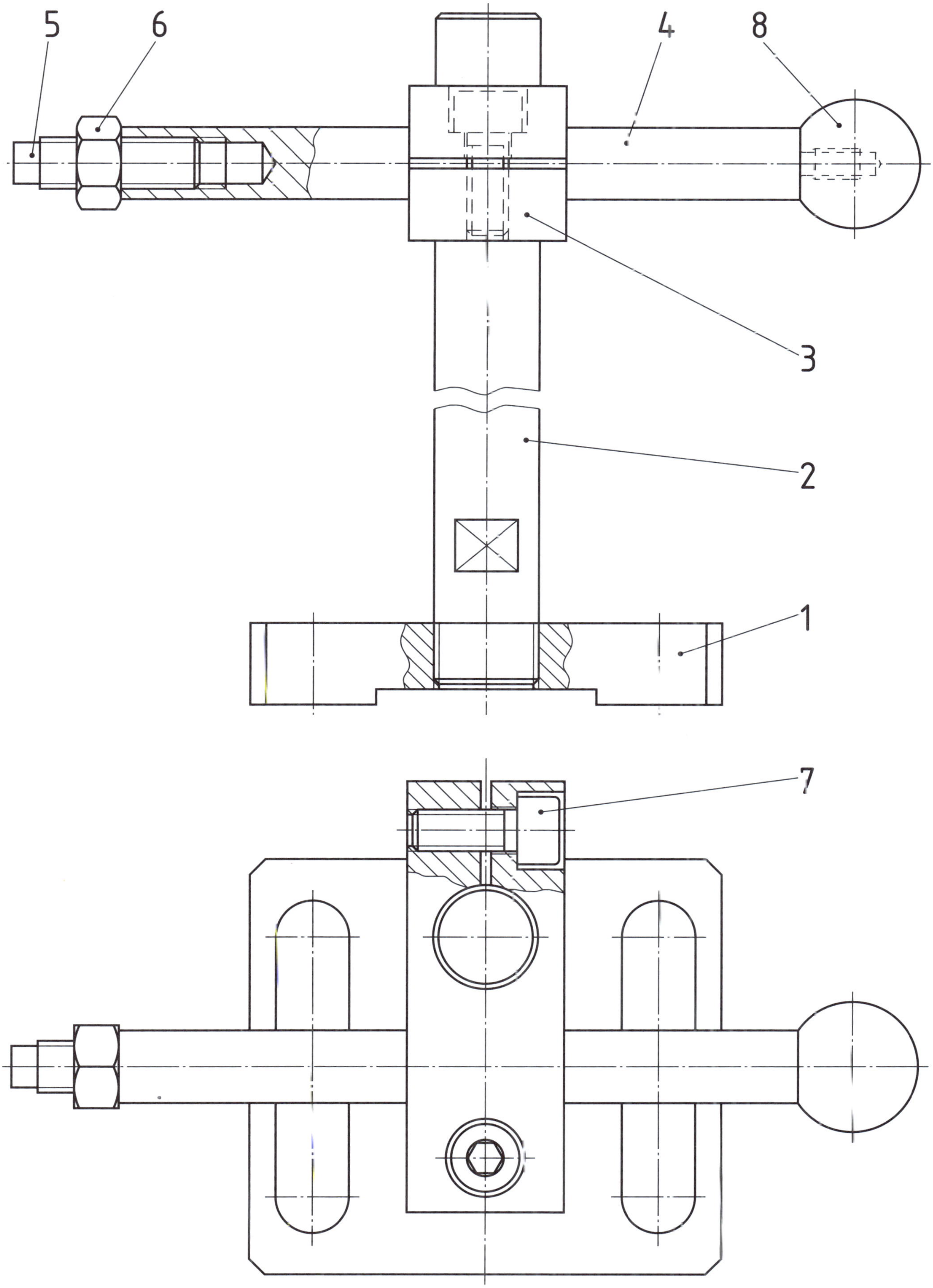
5
6
4
8
3
2
1
7

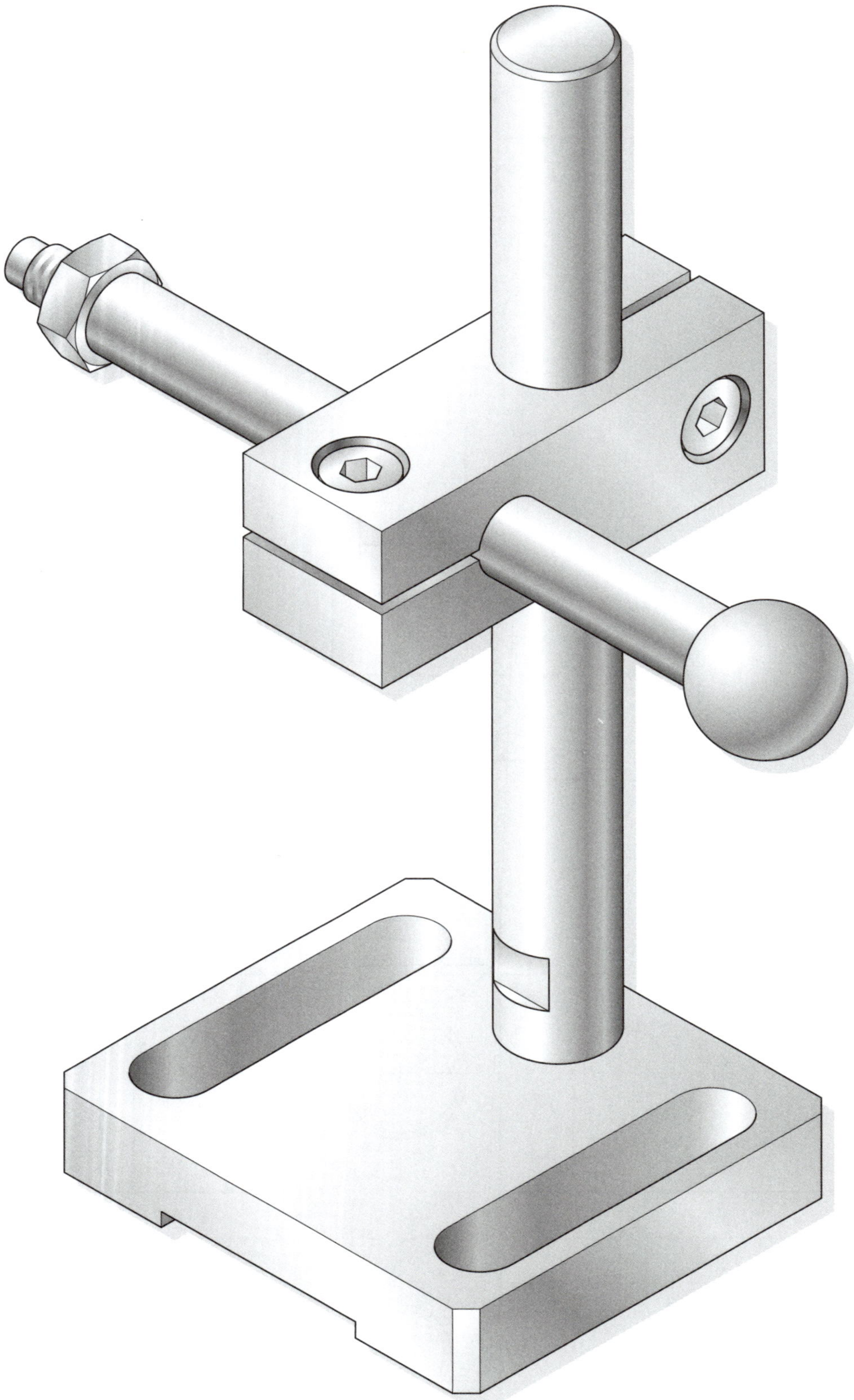

Festlegen der benötigten Halbzeuge und Werkstoffe

1. Vom verstellbaren Anschlag liegen für die anzufertigenden Einzelteile keine Teilzeichnungen vor. Deshalb wurden die Maße von dem in der Werkstatt vorhandenen Prototyp abgenommen. Es wurden folgende Maße gemessen:

Platte:	Breite: 80 mm,	Dicke: 16 mm,	Länge: 90 mm
Klemmhalter:	Breite: 30 mm,	Höhe: 30 mm,	Länge: 83 mm
Säule:	Durchmesser: 20 mm,		Länge: 200 mm
Anschlagstange:	Durchmesser: 14 mm,		Länge: 140 mm

Wählen Sie eine geeignete Halbzeugart und legen Sie die Rohmaße fest, wenn die Teile aus gezogenem Material gefertigt werden sollen.

Benennung	Halbzeug	Rohmaße
Platte:		
Klemmhalter:		
Säule:		
Anschlagstange:		

2. Geben Sie auch die Toleranzklasse für die Halbzeuge an.

3. Wählen Sie einen geeigneten Werkstoff für die prismatischen Werkstücke. Es können Stähle für allgemeine Verwendung ausgewählt werden. Begründen Sie die Wahl des Werkstoffes.

Werkstoff:

Begründung:

4. Wählen Sie einen geeigneten Werkstoff für die zylindrischen Werkstücke. Es ist zu berücksichtigen, dass beim Drehen kurze Späne und saubere Schnittflächen entstehen. Begründen Sie die Wahl des Werkstoffes.

Werkstoff:

Begründung:

5. Geben Sie für die Fertigungsteile die Halbzeug- und die Werkstoffbezeichnung normgerecht an. Die Benennung des Halbzeuges soll abgekürzt erfolgen.

Platte:

Klemmhalter:

Säule:

Anschlagstange:

Name	Klasse	Datum

2.1 Notizen

Name

Klasse

Datum

Fertigen des Klemmhalters

1. Vom Klemmhalter liegt eine Maßaufnahme vor. Nach dieser Maßaufnahme ist eine normgerechte Handskizze anzufertigen (Aufgabe 2).

Maßaufnahme:

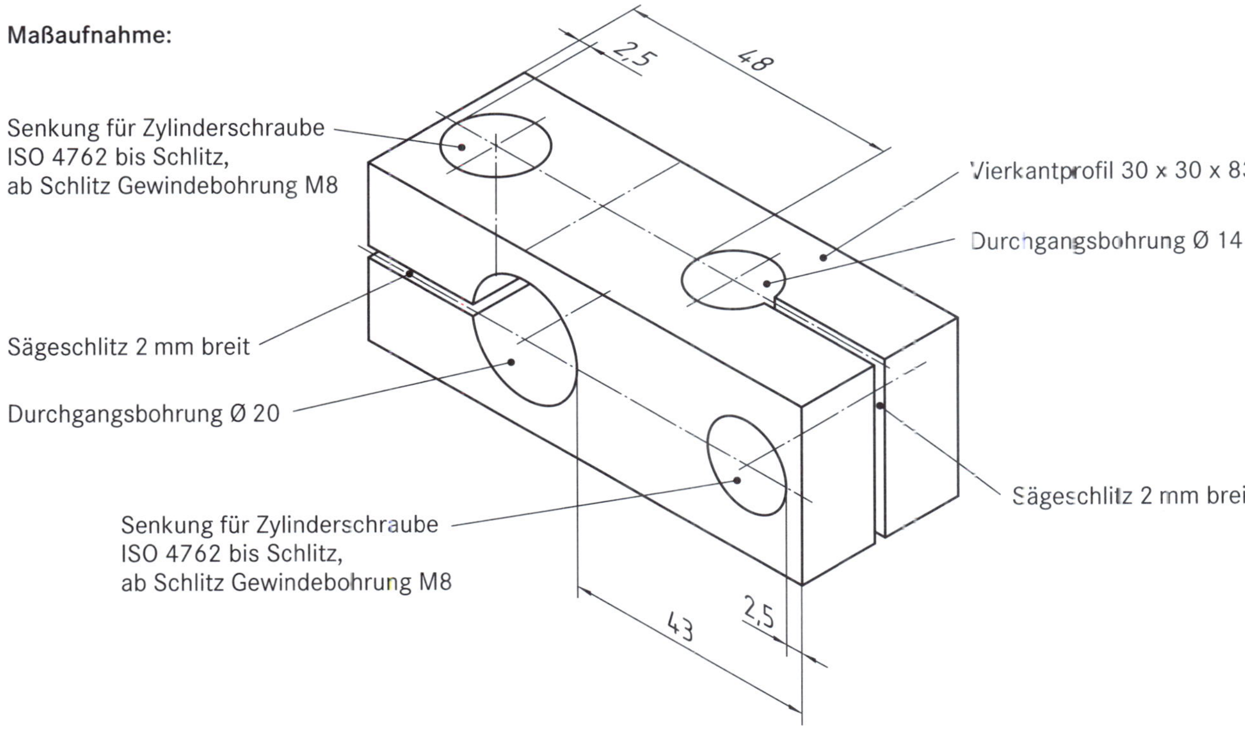

a) Bestimmen Sie die Maße und Oberflächenqualität zur Herstellung der Senkung für die Zylinderschraube ISO 4762 – M8 x 20.

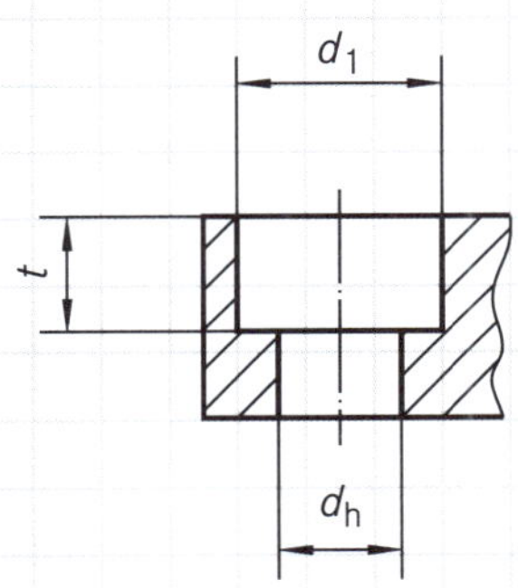

b) Beschreiben Sie die Funktion der beiden Durchgangsbohrungen Ø 20 und Ø 14. Welche Anforderungen ergeben sich daraus für die Formgenauigkeit und Oberflächenbeschaffenheit? Bestimmen Sie ein geeignetes Fertigungsverfahren zur Herstellung der Bohrungen.

Name	Klasse	Datum

2.2 Fertigen des Klemmhalters

c) Um das Anreißen zu erleichtern, sollen die Bohrungsabstände bis zur Bohrungsmitte angegeben werden. Maßbezugfläche soll die rechte Stirnfläche sein.

Berechnen Sie die Lagemaße der Bohrungen l_1 bis l_4. Legen Sie auch die Maßtoleranzen fest. Reicht es aus, wenn die Lagemaße der Bohrungen mit Allgemeintoleranzen ISO 2768 - mittel gefertigt werden?

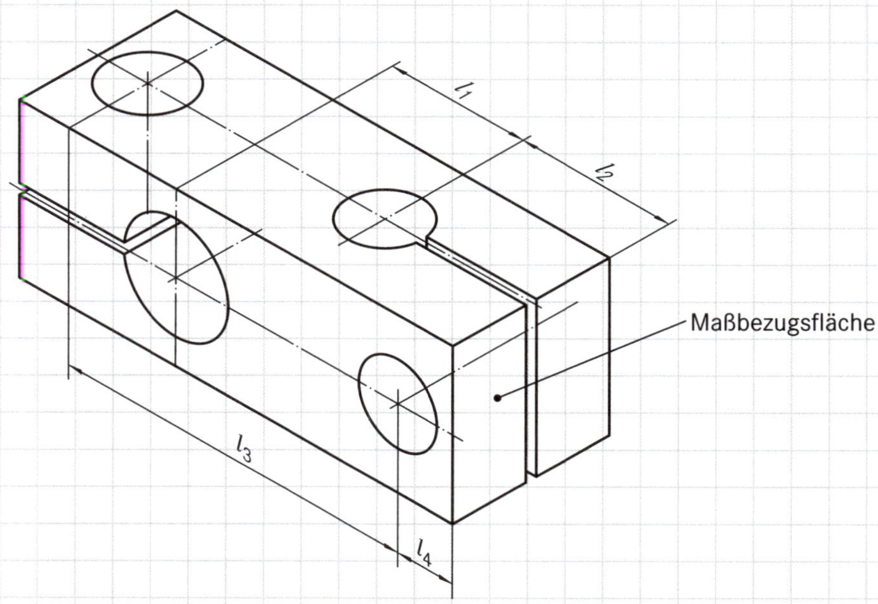

d) Innengewindebohrungen werden mit zwei parallelen Linien gezeichnet. Geben Sie die Bezeichnung, das Durchmessermaß und die jeweilige Linienart für die Darstellung des Innengewindes M8 an.

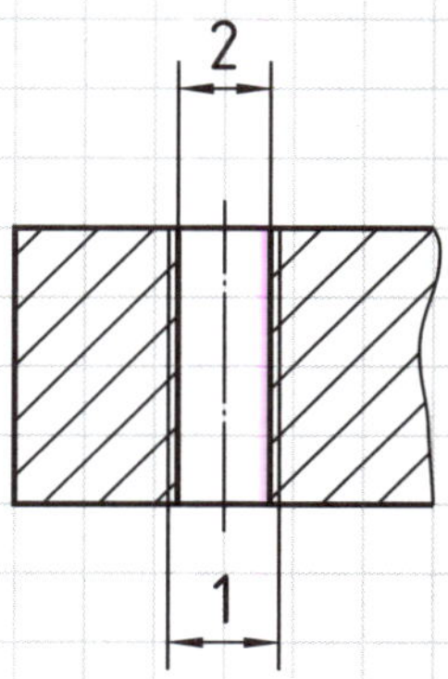

Maß 1:
Bezeichnung:

Durchmesser:

Linienart:

Maß 2:
Bezeichnung:

Durchmesser:

Linienart:

Name Klasse Datum

2. Erstellen Sie für die Fertigung des Klemmhalters eine normgerechte Handskizze mit allen für die Fertigung notwendigen Angaben.

Name	Klasse	Datum

2.2 Fertigen des Klemmhalters

3. An dem Klemmhalter sind folgende Bearbeitungsformen herzustellen. Geben Sie die Fertigungsverfahren zur Herstellung der Formen an.

Bearbeitungsform	Fertigungsverfahren
Stirnseiten	
Senkung für Zylinderschrauben	
Gewindebohrungen	
Sägeschlitze	
Durchgangsbohrungen	

4. An dem Klemmhalter sind Sägeschlitze bis zu den beiden Durchgangsbohrungen anzufertigen. Geben Sie an, ob die Schlitze vor oder nach dem Herstellen der Durchgangsbohrungen herzustellen sind. Begründen Sie Ihre Überlegungen.

5. Planen Sie das Spannen des Klemmhalters zum Bohren.
   a) Wählen Sie die notwendigen Spannmittel aus.
   b) Beschreiben Sie den Spannvorgang.

6. Die Werkzeuge zum Herstellen der Durchgangsbohrung Ø 20 haben einen Kegelschaft MK2. Die Bohrspindel der Bohrmaschinen zur Aufnahme der Werkzeuge hat einen Innenkegel MK4.
   Beschreiben Sie, wie Sie beim Spannen dieser Werkzeuge vorgehen und worauf Sie dabei achten müssen.

Name	Klasse	Datum

7. Geben Sie die Werkzeuge zum Herstellen der Senkungen und der Gewindebohrungen für die Zylinderschrauben ISO 4762 – M8 mit den kennzeichnenden Maßen an.

8. Geben Sie die Größe der Senkung für das Gewinde M8 an und erläutern Sie, weshalb Gewindebohrungen vor dem Gewindebohren angesenkt werden sollen.

9. Bestimmen Sie einen geeigneten Schmierstoff für das Gewindebohren.

10. Ermitteln Sie die Umdrehungsfrequenzen für das Bohren und Senken der Senkungen. Die Umdrehungsfrequenzen lassen sich an der Bohrmaschine stufenlos einstellen.

Name	Klasse	Datum

2.2 Fertigen des Klemmhalters

11. Geben Sie die Werkzeuge zum Herstellen der zu reibenden Durchgangsbohrung Ø 20 mit den kennzeichnenden Maßen an.

12. Beschreiben Sie die Folgen, wenn bei der zu reibenden Durchgangsbohrung Ø 20 nicht vorgebohrt wird.

13. Der Spiralbohrer zum Aufbohren der zu reibenden Durchgangsbohrung Ø 20 muss einwandfrei angeschliffen sein.
    a) Geben Sie die Folgen eines fehlerhaften Anschliffes an.
    b) Beschreiben Sie, wie Sie den Anschliff des Bohrers überprüfen können.

14. Zum Aufbohren der zu reibenden Durchgangsbohrung kann ein Spiralbohrer oder ein Aufbohrer verwendet werden. Geben Sie an, welches Werkzeug besser geeignet ist.

15. Beschreiben Sie das Reiben der Durchgangsbohrung Ø 20H7 mit einer Handreibahle.

16. Sie sollen den Durchmesser Ø 20H7 der Maschinenreibahle überprüfen. Geben Sie ein geeignetes Prüfgerät an und beschreiben Sie den Prüfvorgang.

Name	Klasse	Datum

17. Ermitteln Sie die Umdrehungsfrequenzen für die Maschinenreibahle Ø 20H7 zum Reiben der Durchgangsbohrung. Die Umdrehungsfrequenzen lassen sich an der Bohrmaschine stufenlos einstellen.

18. Erstellen Sie einen Arbeitsplan zum Fertigen aller Bohrungen.

Lfd. Nr.	Arbeitsvorgang	Arbeitsmittel	Arbeitswerte

Name Klasse Datum

2.2 Notizen

Name

Klasse

Datum

1. Von der Anschlagstange wurden die Maße abgenommen und in einer Maßaufnahme festgehalten.
   Nach dieser Maßaufnahme ist eine normgerechte Handskizze anzufertigen (Aufgabe 2).

Maßaufnahme Anschlagstange

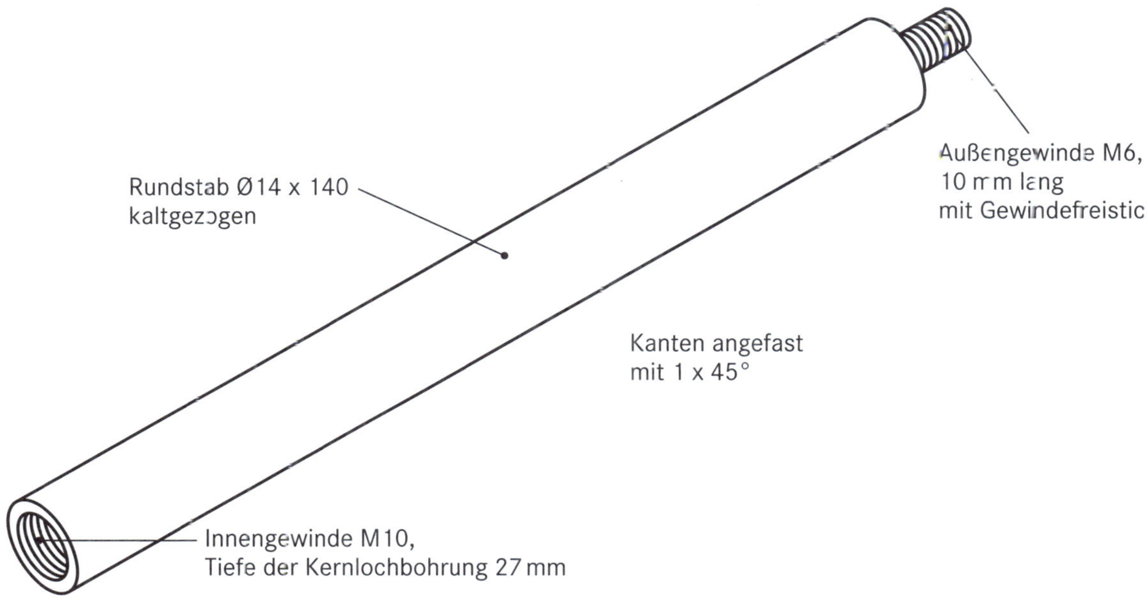

a) Für die Breite des Gewindefreistiches wurde das Maß 2,5 mm ermittelt. Geben Sie an, welche Art von Gewindefreistich an der Anschlagstange vorhanden ist und wie die normgerechte Kennzeichnung in einer Teilzeichnung vorzunehmen ist.

b) Tragen Sie in die Darstellung des Gewindefreistiches im Maßstab 5:1 die Maße ein.

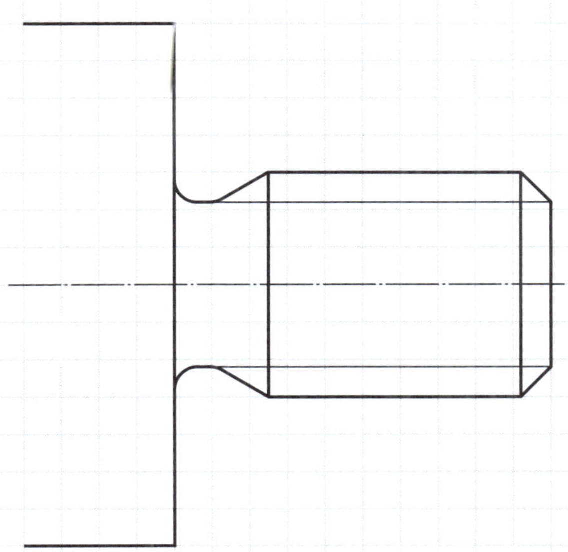

Name	Klasse	Datum

2.3 Drehen der Anschlagstange

c) Die Kernlochtiefe der Gewindegrundlochbohrung M10 wurde mit 27 mm gemessen. Ermitteln Sie die Größe des Gewindeauslaufes und die nutzbare Gewindelänge des Innengewindes.

d) Um das Gewindegrundloch normgerecht darstellen und bemaßen zu können, muss es im Schnitt dargestellt werden. Geben Sie für die Stellen 1 bis 3 am dargestellten Gewindegrundloch die Bezeichnung, das Durchmessermaß und die Linienart an.

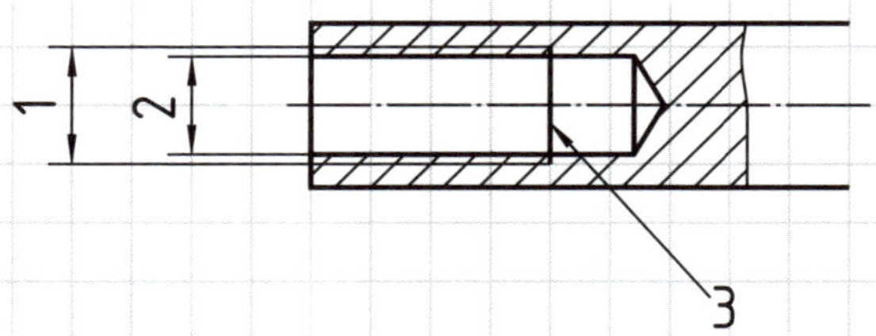

Stelle 1:

Bezeichnung:

Durchmesser:

Linienart:

Stelle 2:

Bezeichnung:

Durchmesser:

Linienart:

Stelle 3:

Bezeichnung:

Linienart:

Name	Klasse	Datum

Drehen der Anschlagstange

2. Erstellen Sie für die Fertigung der Anschlagstange eine normgerechte Handskizze im Maßstab 2 : 1 mit allen notwendigen Angaben. Die Anschlagstange ist aus Platzgründen verkürzt mit Bruchkanten darzustellen.

Name	Klasse	Datum

2.3 Drehen der Anschlagstange

3. Nennen Sie die Bearbeitungsformen der Anschlagstange und das jeweilige Fertigungsverfahren zur Herstellung der Form.

Bearbeitungsform	Fertigungsverfahren

4. Geben Sie drei Regeln an, die beim fachgerechten Spannen der Anschlagstange auf der Drehmaschine berücksichtigt werden müssen.

5. Das Rohteil der Anschlagstange wird als gezogenes Material mit der Toleranzklasse h9 bereitgestellt.
   a) Können Sie die Anschlagstange beim Drehen im Dreibackenfutter spannen?
   b) Informieren Sie sich in Ihrem Betrieb nach Spannmöglichkeiten für die Anschlagstange.

6. Die Drehmeißel werden im Schnellwechselhalter gespannt. Beschreiben Sie,
   a) was Sie beim Spannen der Drehmeißel beachten müssen und
   b) wie Sie beim Ausrichten der Drehmeißel auf Drehmitte vorgehen müssen.

Name	Klasse	Datum

7. Beschreiben Sie die Auswirkungen für das Plandrehen der Anschlagstange, wenn der Drehmeißel
   a) unter Drehmitte und
   b) über Drehmitte eingestellt ist.

8. Wählen Sie die Drehwerkzeuge und Bohrwerkzeuge zum Fertigen der Planseite mit Innengewinde.

9. Wählen Sie die Drehwerkzeuge zum Fertigen der Seite mit dem Außengewinde M6.

10. An der Drehmaschine müssen die Arbeitsbewegungen zur Spanabnahme eingestellt werden. Geben Sie die Bezeichnung der Arbeitsbewegungen an, sowie die Bezeichnung der Arbeitswerte, mit denen Sie gemessen werden?

Arbeitsbewegungen	Arbeitswerte

11. Der Gewindezapfen soll in einem Schruppschnitt vorgedreht und in einem Schlichtschnitt fertig gedreht werden. Planen Sie die Schnittaufteilung. Geben Sie die Aufteilung in der Skizze (Maßstab 2 : 1) an. Bemaßen Sie auch die Schnittaufteilung in der Skizze.

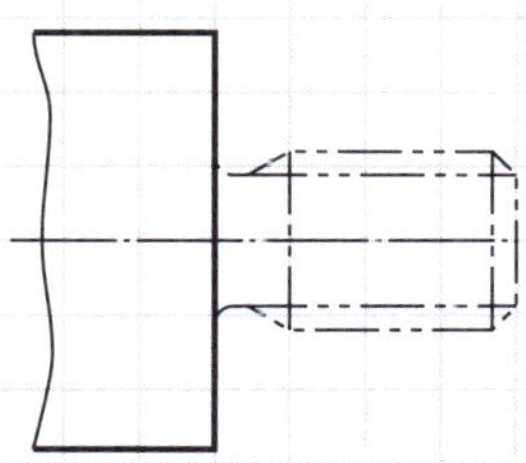

Name	Klasse	Datum

2.3 Drehen der Anschlagstange

12. Bestimmen Sie die Richtwerte für das Vor- und Fertigdrehen mit einem Drehmeißel aus HS.

13. Berechnen Sie die Umdrehungsfrequenz für das Vor- und Fertigdrehen des Gewindezapfens mit einem Drehmeißel aus HS. An der Drehmaschine sind Umdrehungsfrequenzen der Reihe R20/3 einstellbar.

14. Beschreiben Sie die Folgen, wenn mit einer höheren Schnittgeschwindigkeit gedreht wird als in den Richtwerten angegeben.

Name	Klasse	Datum

15. Erstellen Sie einen Arbeitsplan für das Drehen der Anschlagstange.

Lfd. Nr.	Arbeitsvorgang	Arbeitsmittel	Arbeitswerte

16. Beim Plandrehen stellen Sie fest, dass die Oberfläche zur Drehmitte hin schlechter wird. Wie lässt sich das erklären?

17. Geben Sie drei Sicherheitsregeln an, die Sie beim Drehen beachten müssen.

Name	Klasse	Datum

2.3 Drehen der Anschlagstange

18. Nach der Fertigung der Anschlagstange sollen nachfolgende Maße kontrolliert werden. Ergänzen Sie den Prüfplan entsprechend.

Messstelle	Prüfbedingungen				Prüfgerät
	Nennmaß	Maßtoleranz	Höchstmaß	Mindestmaß	
Gewindezapfenlänge					
Stangenlänge					
Stangendurchmesser					
Innengewinde M10		X	X	X	
Außengewinde M6		X	X	X	

19. Begründen Sie die Auswahl des Prüfgerätes für die Kontrolle des Stangendurchmessers.

20. Geben Sie drei zufällige Abweichungen an, die beim Messen des Stangendurchmessers mit einer digitalen Bügelmessschraube auftreten können. Beschreiben Sie deren Auswirkungen auf das Messergebnis.

zufällige Abweichungen | Auswirkungen

21. Der Stangendurchmesser lässt sich auch mit einer Grenzrachenlehre überprüfen. Welche Beschriftung muss auf der dafür eingesetzten Grenzrachenlehre angegeben sein?

22. Bei welchem Prüfergebnis liegt die Anschlagstange innerhalb der Toleranz? Kreuzen Sie an.

Prüfergebnis	i.O	Nacharbeit	Ausschuss
Gutseite und Ausschussseite gleiten nicht über die Stange			
Gutseite gleitet zwanglos über die Stange, die Ausschussseite nicht			
Gutseite und Ausschussseite gleiten zwanglos über die Stange			

Name | Klasse | Datum

1. Von der Platte liegt folgende Maßaufnahme vor. Nach dieser Maßaufnahme ist eine normgerechte Handskizze anzufertigen (Aufgabe 2).

Maßaufnahme:

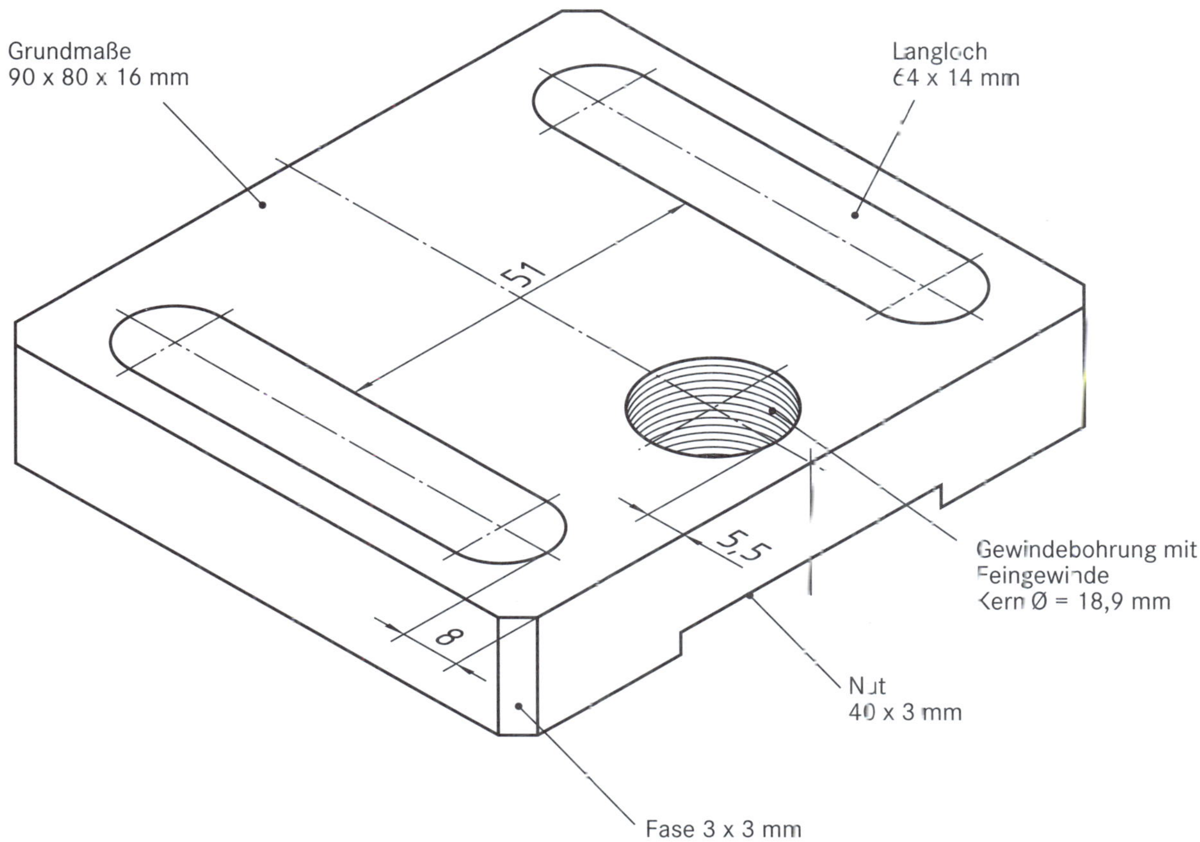

a) Bestimmen Sie mit Hilfe des Tabellenbuches die Gewindeabmessungen und die Gewindebezeichnung für die Gewindebohrung.

Nenndurchmesser:

Steigung:

Kerndurchmesser:

Kernlochbohrerdurchmesser:

Gewindebezeichnung:

Name	Klasse	Datum

2.4 Fräsen der Platte

b) Tragen Sie die Form- und die Lagemaße für das Langloch in die Zeichnung ein. Das Längenmaß und die Lagemaße sollen von der Mitte der Nutrundungen aus angegeben werden.

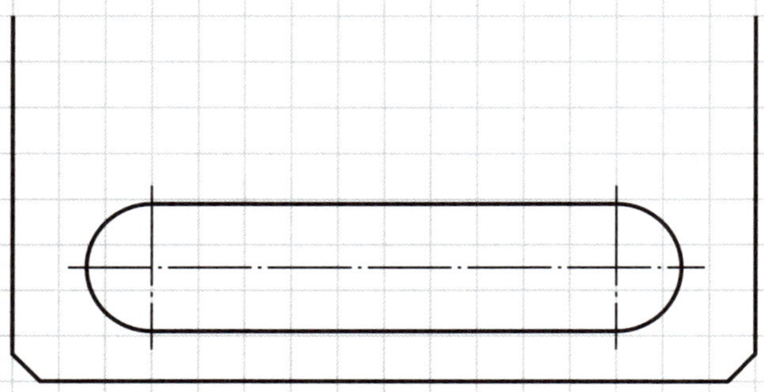

c) Legen Sie die Fertigungstoleranzen für die Platte fest. Erläutern Sie, ob die Allgemeintoleranzen mittel ausreichen.

d) Legen Sie die Oberflächenbeschaffenheit für die Bearbeitungsformen der Platte fest. Geben Sie auch an, welche Flächen der Grundform unbearbeitet bleiben.

Bearbeitungsformen:

Unbearbeitete Flächen:

Name Klasse Datum

2. Erstellen Sie von der Platte eine normgerechte Handskizze im Maßstab 1 : 1 mit allen für die Fertigung notwendigen Angaben.

Name	Klasse	Datum

2.4 Fräsen der Platte

3. Nennen Sie die anzufertigenden Bearbeitungsformen der Platte und das jeweilige Fertigungsverfahren, um die Form herzustellen.

Bearbeitungsform	Fertigungsverfahren

4. a) Geben Sie die Spannmittel zum Spannen der Platte für das Fräsen an.
   b) Beschreiben Sie den Spannvorgang.

5. Beschreiben Sie mögliche Fertigungsfehler an der Platte, wenn der Maschinenschraubstock vor dem Fräsen nicht ausgerichtet wurde.

6. Das Fräsen der Platte erfolgt auf einer Universalfräsmaschine mit dem Vertikalfräskopf. Dabei werden die Stirnflächen mit einem Schaftfräser aus Schnellarbeitsstahl gefräst. Beschreiben Sie, wie Sie den Schaftfräser spannen.

7. Das Fräsen des Langloches kann mit einem Langlochfräser oder mit einem Schaftfräser erfolgen. Geben Sie die kennzeichnenden Unterschiede zwischen den beiden Fräserarten an.

Name	Klasse	Datum

8. Beschreiben Sie, wie Sie beim Fräsen der Langlöcher a) mit einem Langlochfräser und b) mit einem Schaftfräser vorgehen.

9. Wählen Sie zum Fräsen der Nut 40 x 3 mm ein geeignetes Fräswerkzeug. Geben Sie als Werkzeugmerkmale Fräserart, Durchmesser und Frästertyp an. Begründen Sie Ihre Wahl.

Fräswerkzeug: ______________________________

Werkzeugmerkmale	Begründung

10. Bestimmen Sie die Richtwerte für das Fräsen mit dem Walzenstirnfräser Ø 40 mm und dem Schaftfräser Ø 12 mm aus HS.

Name Klasse Datum

2.4 Fräsen der Platte

11. Berechnen Sie die Umdrehungsfrequenz und die Vorschubgeschwindigkeit für das Fräsen der Nut 40 x 3 mm mit einem Walzenstirnfräser Ø 40 mm aus HS und 8 Schneiden. An der Fräsmaschine sind die Umdrehungsfrequenzen und Vorschubgeschwindigkeiten nach der Reihe R20 einstellbar.

12. Erstellen Sie einen Arbeitsplan für das Fräsen der Platte einschließlich dem Bohren der Kernlochbohrung für das Feingewinde M20x1.

Lfd. Nr.	Arbeitsvorgang	Arbeitsmittel	Arbeitswerte

Name Klasse Datum

3 BOHRVORRICHTUNG

Verwendung

Die Ausbildungsabteilung eines Betriebes übernimmt kleinere Fertigungsaufträge für verschiedene Produktionsabteilungen. Hierzu gehört, neben anderen Tätigkeiten, auch das Bohren von kleinen Blechwinkeln. Für diesen Zweck wurde eine Bohrvorrichtung gebaut, die auf der vorliegenden Gesamt-Zeichnung dargestellt ist.

Gesamtauftrag

Die Bohrvorrichtung ist aus dem Aufbewahrungsregal gefallen. Dabei wurden einige Teile beschädigt. Diese sind durch neue Teile zu ersetzen. Hierzu sind Demontage- und Montageaufgaben durchzuführen.

Weiterhin sind aufgrund eines Verbesserungsvorschlages zwei Veränderungen vorzunehmen:

a) Beim Festdrehen der Rändelschraube (14) sollen Druckstellen auf dem zu bohrenden Blechwinkel vermieden werden. Hierzu ist ein Teil aus Kunststoff an der Rändelschraube zu befestigen.

b) Der Grundkörper der Bohrvorrichtung ist als Schweißkonstruktion zu gestalten. Diese soll zum Aufbau und für die Erprobung einer neuen Bohrvorrichtung verwendet werden.

Arbeitsaufträge

Zum Erfüllen des Gesamtauftrages sind folgende Arbeitsaufträge auszuführen:

3.1 Analyse der technischen Unterlagen

3.2 Herstellen von Schraubenverbindungen

3.3 Herstellen von Stiftverbindungen

3.4 Herstellen einer Klebeverbindung

3.5 Demontieren und Montieren der Bohrvorrichtung

3.6 Herstellen einer Schweißkonstruktion

Pos.	Menge	Einh.	Benennung	Sachnummer/Norm-Kurzbezeichn.	Bemerkung
16	1	Stck.	Zylinderstift	ISO 2338 - 6m6 x 16	St
15	4	Stck.	Zylinderschraube	DIN EN ISO 4762 - M6 x 16	8.8
14	1	Stck.	Rändelschraube	DIN 653 - M8 x 35	5.8
13	1	Stck.	Bohrbuchse	DIN 179 - A5 x 8	
12	1	Stck.	Sechskantschraube	ISO 4014 - M6 x 12	8.8
11	2	Stck.	Zylinderstift	ISO 2338 -5m6 x 20	St
10	5	Stck.	Zylinderschraube	DIN EN ISO 4762 - M6 x 20	8.8
9	2	Stck.	Distanzbuchse		PUR
8	2	Stck.	Riegelträger		S 235 JR
7	1	Stck.	Grundplatte		S 235 JR
6	1	Stck.	Aufnahme		S 235 JR
5	1	Stck.	Führungssteg		S 235 JR
4	1	Stck.	Scheibe		S 235 JR
3	1	Stck.	Platte		S 235 JR
2	1	Stck.	Schwenkriegel		S 235 JR
1	1	Stck.	Standfuß		S 235 JR
1	2	3	4	5	6

DIN ISO 2768 - m	DIN EN ISO 1302	Maßstab 1:1	(Masse)
	Datum	Name	
Bearb.	10/2004	W. Rund	Bohrvorrichtung
Gepr.			
Norm			
Abt.			
westermann		03	Blatt / Bl.
Ursprung		Ersatz für :	Ersetzt durch :

Zust.	Änderung	Datum	Name

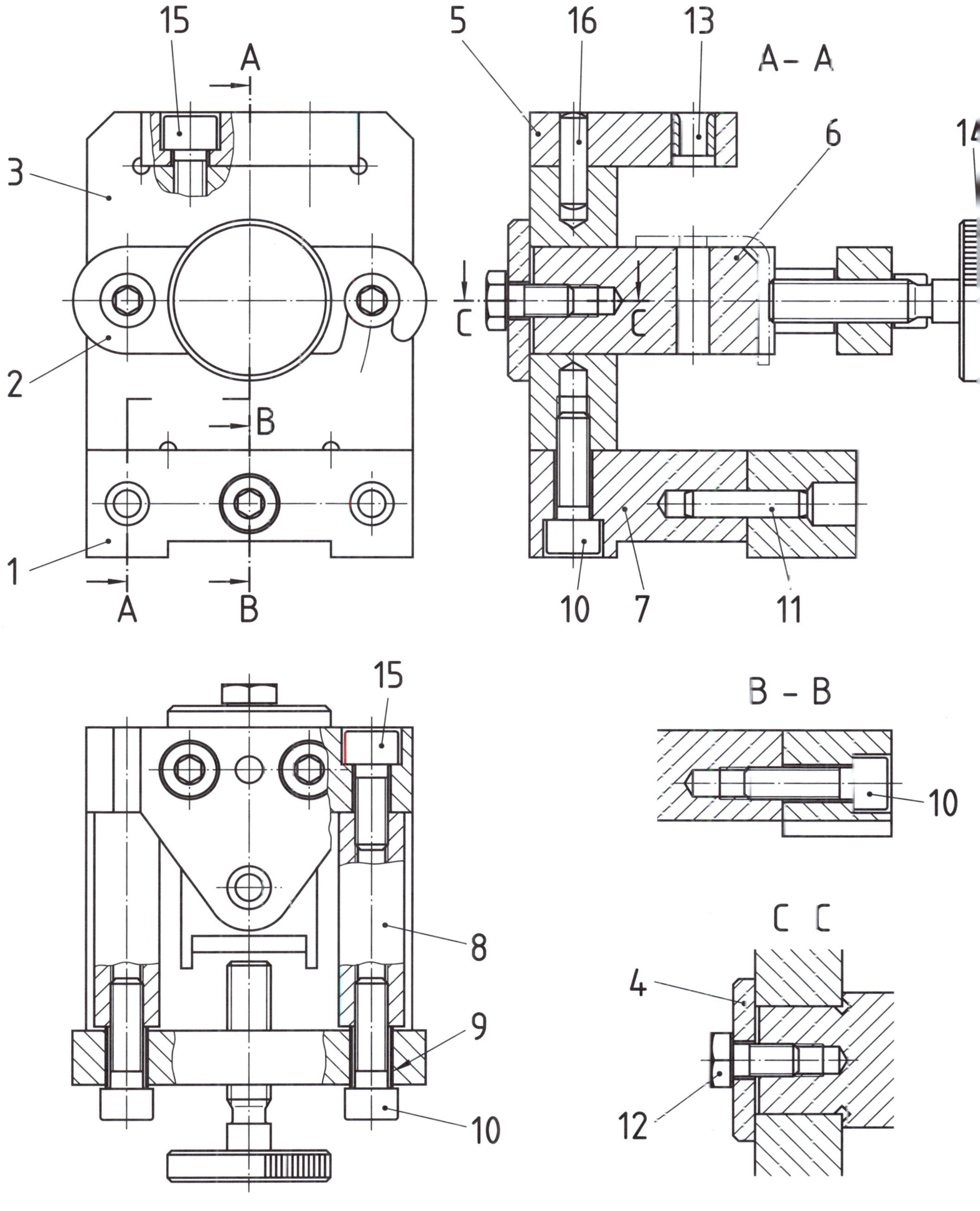
15
A
3
2
B
1
A
B
5
16
13
A– A
6
14
C
C
10
7
11
15
8
9
10
B – B
10
C C
4
12

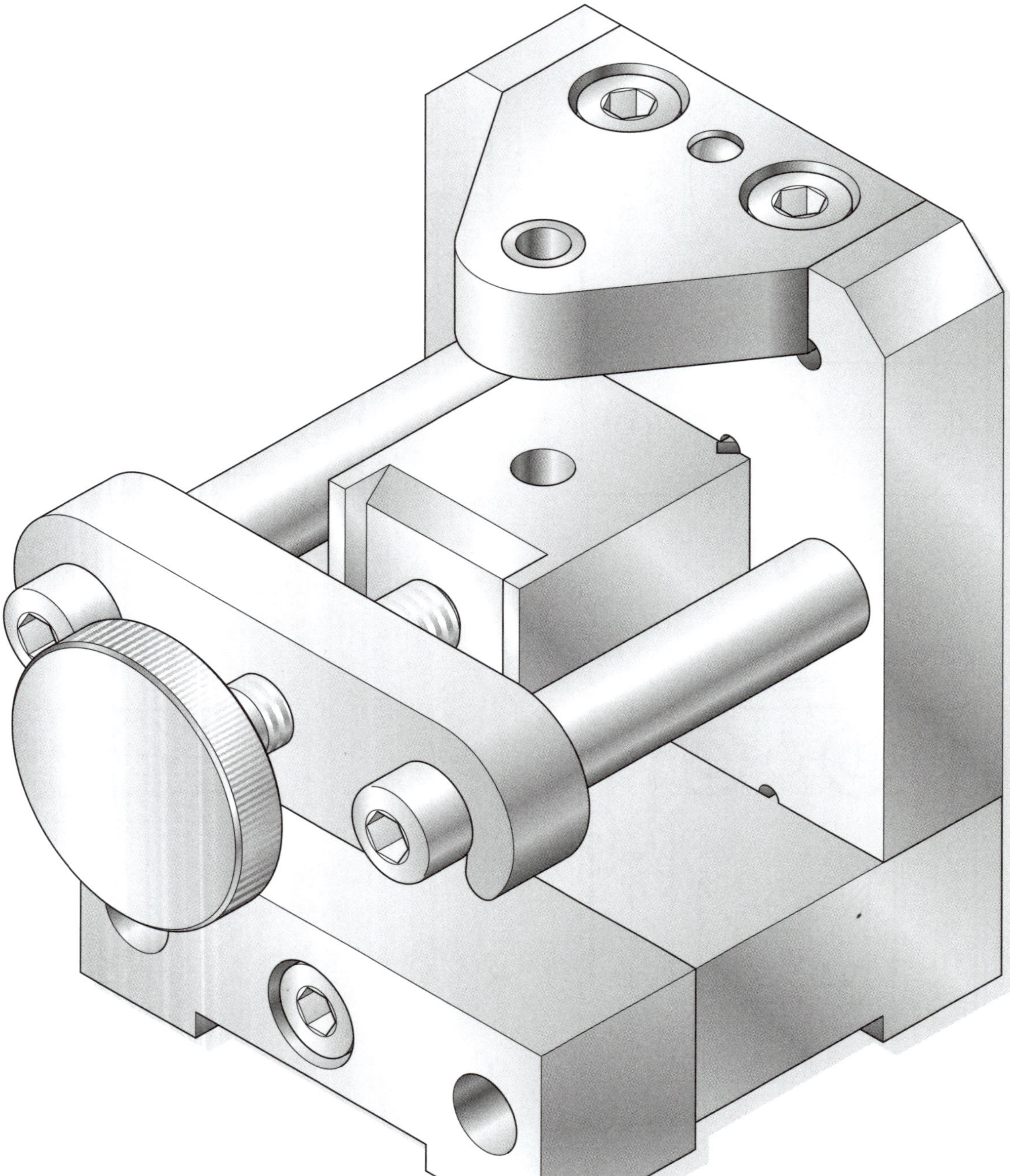

1. Beschreiben Sie die Art der Darstellung der Ansichten und Schnitte auf der Gesamt-Zeichnung.

2. Im Schnitt dargestellte Bauteile erhalten eine Schraffur. Nennen Sie die Bauteile, die nicht geschnitten dargestellt werden, obwohl sie in der Schnittebene liegen.

3. Woran ist beim Zeichnungslesen erkennbar, dass mehrere geschnitten dargestellte Teile aneinander treffen?

4. Die Distanzbuchse (Pos. 9) ist aus Kunststoff (PUR). Weil dieses Bauteil dünnwandig ist, wurde auf die Darstellung von Schraffurlinien verzichtet und die Schnittfläche geschwärzt. Wie muss dieses Bauteil normalerweise schraffiert werden? Zur Erklärung kann auch eine Skizze angefertigt werden.

5. In der Stückliste werden alle Bauteile mit der Positionsnummer nach der Gesamtzeichnung aufgelistet. Unterscheiden Sie die Bauteile der Stückliste nach Fertigungs- und Normteilen.

6. Welche wesentlichen Informationen lassen sich zu den Normteilen aus der Stückliste entnehmen.

Name	Klasse	Datum

3.1 Analyse der technischen Unterlagen

7. Untersuchen Sie den Aufbau der Bohrvorrichtung:
   a) Tragen Sie in der isometrischen Darstellung die Positionsnummern der vier Bauteile ein, die den Grundkörper der Bohrvorrichtung bilden.
   b) Tragen Sie die Positionsnummern der Normteile ein, mit denen die Einzelteile des Grundkörpers (nach Aufgabe 7a) gefügt sind.

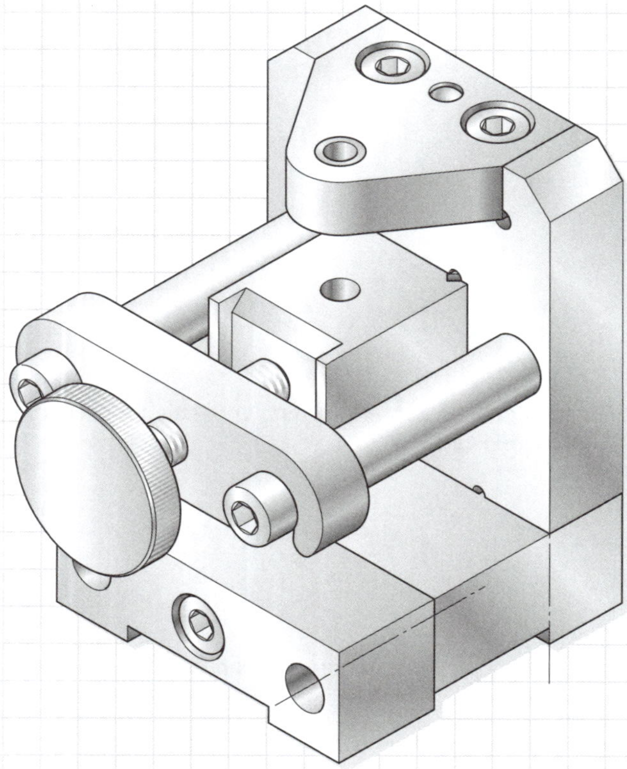

   c) Tragen Sie die Positionsnummern der Bauteile ein, die zur Befestigung der Aufnahme (Pos. 6) dienen.

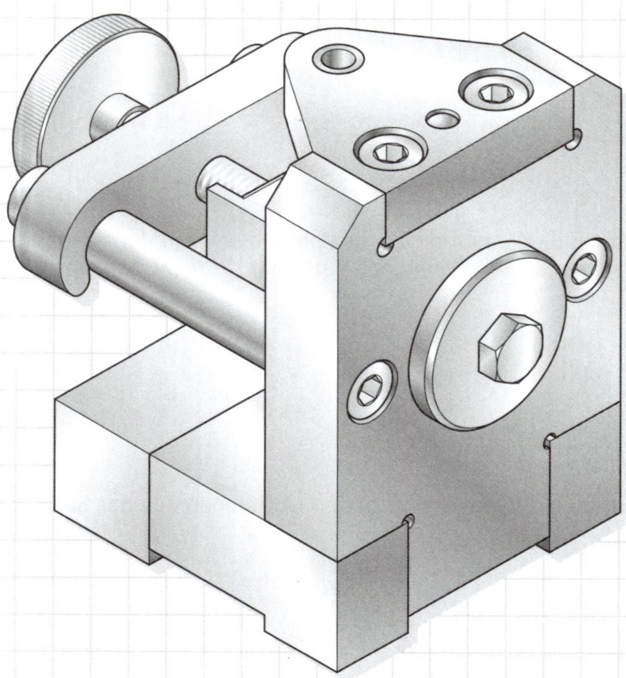

Name	Klasse	Datum

d) Tragen Sie die Positionsnummern der Normteile ein, mit denen die Riegelträger (Pos. 8) befestigt sind.

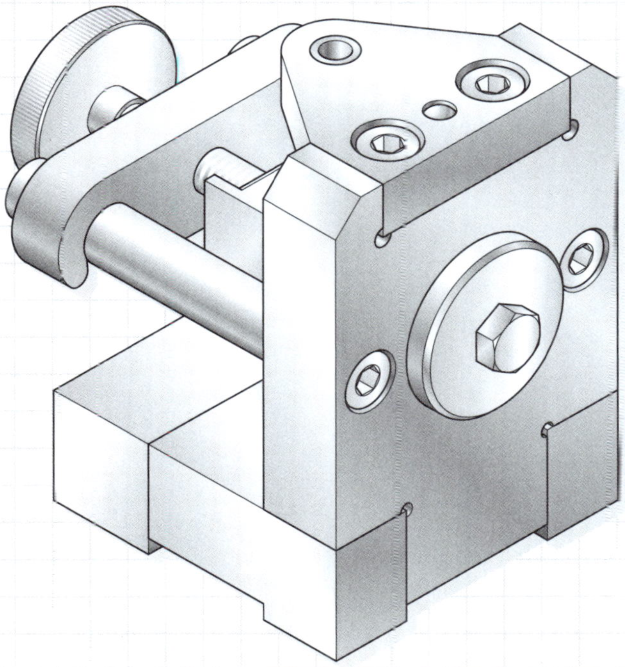

e) Tragen Sie die Positionsnummern der Normteile ein, die zur Befestigung des Schwenkriegels (Pos. 2) dienen.

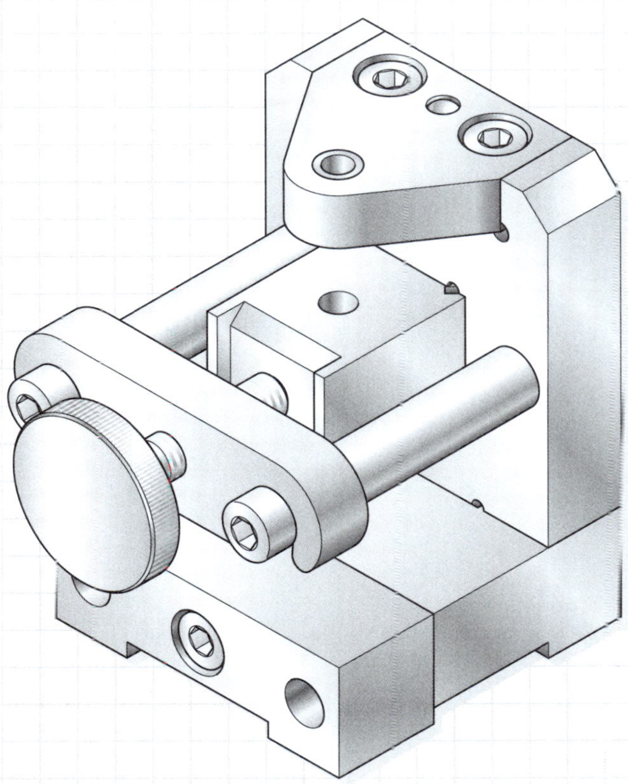

Name	Klasse	Datum

3.1 Analyse der technischen Unterlagen

8. Untersuchen Sie die Funktion der Bohrvorrichtung:

   a) Mit Hilfe der Bohrvorrichtung soll ein Winkel gebohrt werden. Damit der Winkel in die Aufnahme (Pos. 6) eingelegt werden kann, wird der Schwenkriegel (Pos. 2) entgegen des Uhrzeigersinns geschwenkt.

   Beschreiben Sie nach den Abbildungen, durch welche konstruktiven Maßnahmen dieser Vorgang möglich ist.

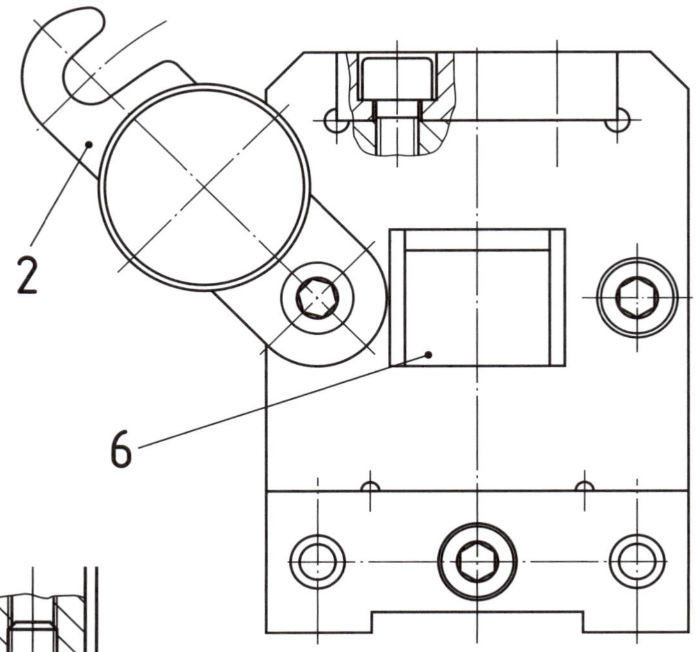

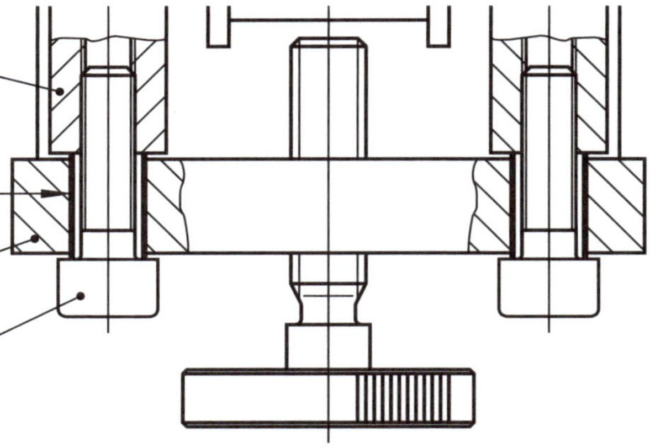

   b) Beschreiben Sie das Einlegen und Spannen des zu bohrenden Winkels.

Name Klasse Datum

1. Benennen Sie die Art der Schraubenverbindung zwischen der Grundplatte (Pos. 7) und der Platte (Pos. 3) und beschreiben Sie dessen typischen Merkmale.

2. Der Zeichnungsausschnitt zeigt die Schraubenverbindung zwischen der Grundplatte (Pos. 7) und der Platte (Pos. 3). Ergänzen Sie die Hinweislinien mit den normgerechten Bezeichnungen, z. B. Nenndurchmesser der Schraube, Kerndurchmesser der Gewindebohrung u.s.w.

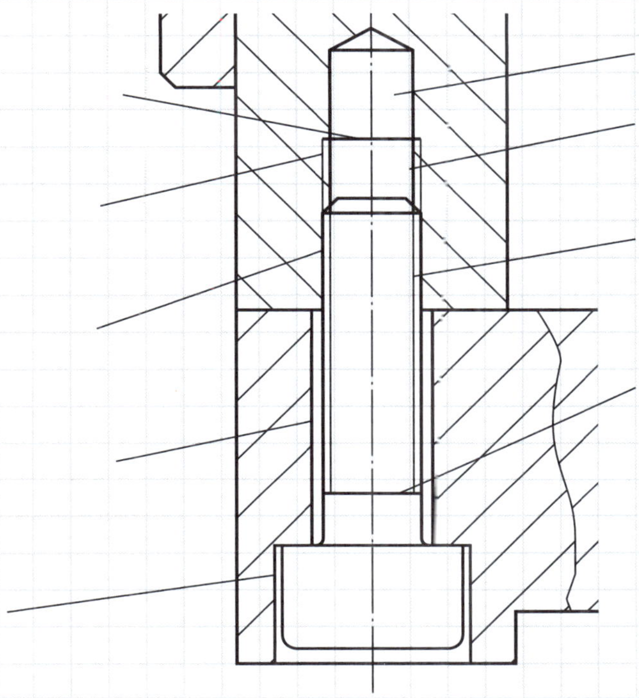

3. Die Schraubenverbindung zwischen der Grundplatte (Pos. 7) und der Platte (Pos. 3) soll hergestellt werden.

a) Erklären Sie die Norm-Kurzbezeichnung der Schraube nach der Stückliste.

Norm-Kurzbezeichnung	Erklärung

b) Bemaßen Sie in der Zeichnung die Nennlänge der Schraube.

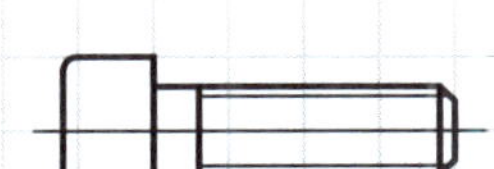

Name Klasse Datum

4. Auf dem Schraubenkopf stehen die Kennzahlen 8.8. Erklären Sie diese Angabe.

8 . 8

5. Nennen Sie die wichtigsten Merkmale, die das Gewinde der Schraube (Pos. 10) aufweist.

6. Wovon ist beim Anziehen der Schraube (Pos. 10) die Größe des Anziehdrehmomentes M_A abhängig?

7. Beschreiben Sie
   a) welche Bewegungsumwandlung beim Anziehen der Schraube (Pos. 10) stattfindet und
   b) welche Kraft dabei in der Schraubenverbindung entsteht.

8. Beim Anziehen der Schraube (Pos. 10) wird ein Werkzeug mit einer Hebellänge von 120 mm verwendet. Die angreifende Handkraft beträgt 90 N.
   a) Ermitteln Sie die Gewindesteigung der Schraube.
   b) Berechnen Sie das Anziehdrehmoment M_A das auf die Schraube wirkt.
   c) Berechnen Sie die Vorspannkraft F_V, die mit dem Anziehdrehmoment erzeugt werden kann (Wirkungsgrad 15 %).

Name	Klasse	Datum

9. Beschreiben Sie die Bedeutung des Wirkungsgrades η, in der Formel zur Berechnung der Vorspannkraft F_V (Aufgabe 8) eingesetzt wird.

10. Die Schrauben (Pos. 10) haben sich gelockert. Beschreiben Sie mögliche Auswirkungen durch diese lose Schraubenverbindung.

11. Die Schrauben (Pos. 10) sollen gegen Lockern gesichert werden. Nennen Sie zwei Möglichkeiten zur Sicherung der Verbindung und geben Sie das jeweilige Wirkprinzip an.

12. Begründen Sie die Aussage: Schraubenverbindungen sind kraftschlüssige Verbindungen.

13. Warum ist die Reibung in einer Schraubenverbindung notwendig?

14. Nennen Sie die Faktoren, die eine Reibung zwischen zu fügenden Bauteilen beeinflussen.

15. Nennen Sie die Reibungsarten, die
    a) zwischen der Rändelschraube (Pos. 14) und dem Schwenkriegel (Pos. 2) sowie
    b) zwischen der Bohrbuchse (Pos. 13) und dem Führungssteg (Pos. 5) wirken.

Name	Klasse	Datum

3.2 Notizen

Name Klasse Datum

1. a) Erklären Sie die Normbezeichnung des Zylinderstifts (Pos. 11) nach der Stückliste.

Norm-Kurzbezeichnung	Erklärung

b) Nennen Sie den allgemeinen Verwendungszweck für ungehärtete und gehärtete Zylinderstifte.

2. Der Standfuß (Pos. 1) und die Grundplatte (Pos. 7) sind mit Zylinderstiften (Pos. 11) und einer Zylinderschraube (Pos. 10) verbunden.

a) Nennen Sie die Aufgaben der Zylinderstifte.

b) Nennen Sie die Aufgabe der Zylinderschraube.

3. Beschreiben Sie die Passungsart zwischen den Zylinderstiften und den Bohrungen in den Bauteilen.

4. Die Bohrungen für die Zylinderstifte (Pos. 11) sind in der richtigen Größe gebohrt und frei von Fremdkörpern. Trotzdem lassen sich die Stifte nicht tief genug in die Stiftbohrung treiben. Nennen Sie

a) die Ursache des Problems und

b) Möglichkeiten zur Problemlösung.

Name | Klasse | Datum

3.3 Herstellen von Stiftverbindungen

5. Die Grundplatte (Pos. 7) und der Standfuß (Pos. 1) sind zu montieren. Erstellen Sie einen Arbeitsplan zum Herstellen der Zylinderstiftverbindungen.

   Hinweis: Die Senkung und die Gewindebohrung für die Zylinderschraube (Pos. 10) sind bereits vorhanden.

Lfd. Nr.	Arbeitsvorgang	Arbeitsmittel	Arbeitswerte/ Bemerkungen

Name Klasse Datum

1. Beim Festdrehen der Rändelschraube (14) sollen Druckstellen auf dem zu bohrenden Blechwinkel vermieden werden. Dazu ist auf die Stirnfläche der Rändelschraube ein Schutzplättchen (Ø 6, t = 2 mm) aus Kunststoff (PVC, hart) zu kleben. Ergänzen Sie den dargestellten Ausschnitt aus der Gesamtzeichnung mit
   a) einer Schraffur für das Schutzplättchen,
   b) einer Pos.-Nr. für das Schutzplättchen,
   c) einer Wortangabe für die Klebeverbindung und
   c) einem Stücklisteneintrag für das Schutzplättchen.

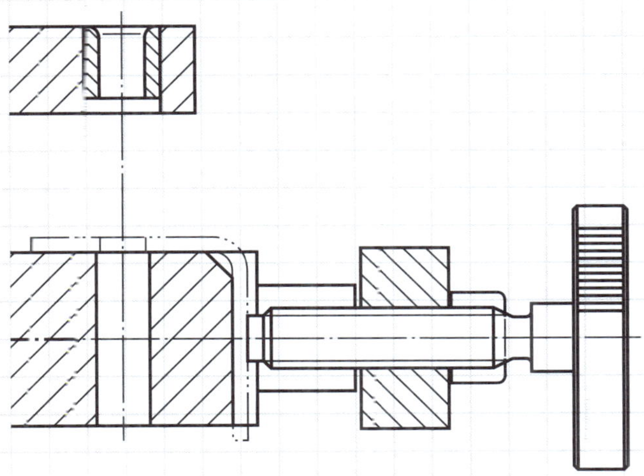

Pos.	Menge	Einh.	Benennung	Sachnummer/Norm-Kurzbezeichn.	Bemerkung
1	2	3	4	5	6

2. Erklären Sie die Abkürzung PVC. Beschreiben Sie, warum dieser Kunststoff für diese Klebeverbindung gut zu verwenden ist.

Name	Klasse	Datum

3.4 Herstellen einer Klebeverbindung

3. Nennen Sie die Arbeitsschritte zum Herstellen der Klebeverbindung mit einem Kontaktklebstoff. Beziehen Sie Punkte zur Unfallverhütung in die Beschreibung ein.

4. Beschreiben Sie, welche Verbindungsart Sie hergestellt haben.

5. Nennen Sie je drei Vor- und Nachteile das Schutzplättchen durch Kleben zu verbinden.

Name | Klasse | Datum

Demontieren und Montieren der Bohrvorrichtung

1. Ergänzen Sie die Aufbauübersicht zur Bohrvorrichtung mit den Bauteilbezeichnungen und Pos.-Nr. nach der Gesamtzeichnung, der Stückliste und des Anordnungsplanes.

Anordnungsplan Bohrvorrichtung

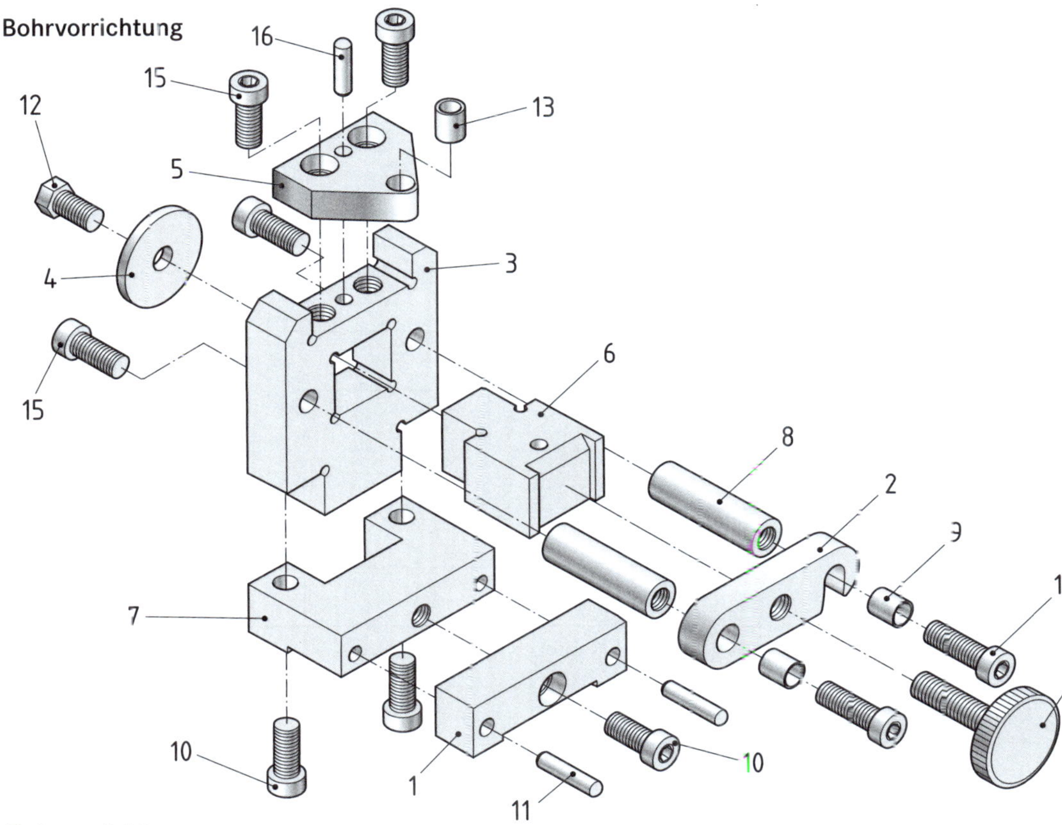

Aufbauübersicht Bohrvorrichtung

- Bohrvorrichtung komplett
  - Grundplatte komplett
  - Platte Baugruppe
    - Aufnahme komplett
    - Riegelträger komplett
    - Führungssteg komplett

Name	Klasse	Datum

3.5 Demontieren und Montieren der Bohrvorrichtung

2. Nach dem Sturz der Bohrvorrichtung aus dem Aufbewahrungsregal wurde festgestellt, dass die Platte (Pos. 3) nicht mehr rechtwinklig zur Grundplatte (Pos. 7) ausgerichtet ist. Zur Ermittlung des Fehlers bzw. der schadhaften Teile ist die Platte so zu demontieren, dass sie als Einzelteil vorliegt. Erstellen Sie für diese Aufgabe einen Demontageplan.

Demontageplan Platte (Pos. 3)				
Lfd. Nr.	Arbeitsvorgang	Arbeitsplatz	Arbeitsmittel	Bemerkungen

3. Das Lösen der Schraubenverbindung zwischen der Platte (Pos. 3) und der Grundplatte (Pos. 7) erfolgte nur sehr schwergängig. Beschreiben Sie die Ursachen und die sich daraus ergebenden Maßnahmen.

Name Klasse Datum

4. Ihnen werden alle Einzelteile der Bohrvorrichtung an Ihren Arbeitsplatz geliefert. Sie erhalten den Auftrag, sie zur Bohrvorrichtung zu montieren. Erstellen Sie dazu einen Montageplan.

Montageplan Bohrvorrichtung

Lfd. Nr.	Arbeitsvorgang	Arbeitsplatz	Arbeitsmittel	Bemerkungen

Name	Klasse	Datum

3.5 Notizen

Name Klasse Datum

1. Der Grundkörper der Bohrvorrichtung ist als Schweißkonstruktion zu gestalten. Hierzu sind drei Bauteile nach der unten stehenden Zeichnung zu verschweißen.
   Nennen Sie Vor- und Nachteile des Schweißens gegenüber dem Fügen mit Schrauben und Stiften.

2. Erklären Sie die mit einer Nummer versehenen Eintragungen in der Schweißzeichnung.

Nr.	Eintragung	Erklärung
①	Stoßart	
②	Stoßart	
③	Nahtart	
④	Nahtart	
⑤	Schweißverfahren	
⑥	Schweißstab	
⑦	Nachbehandlung	

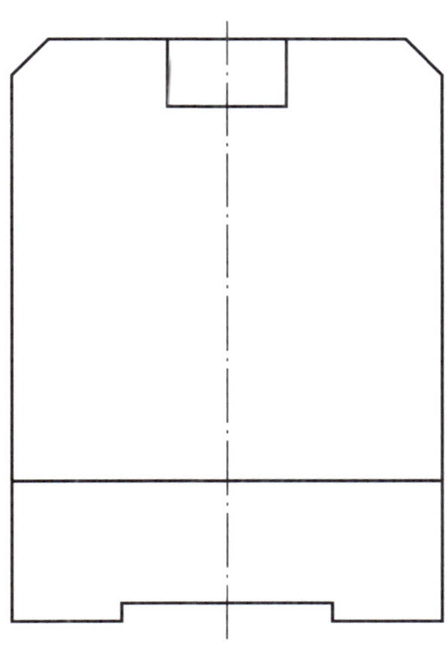

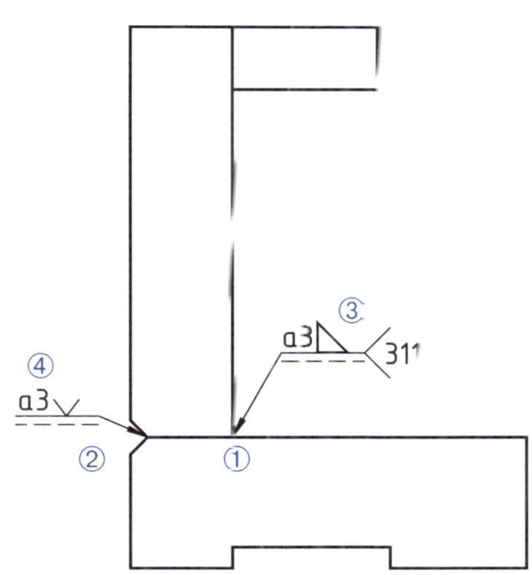

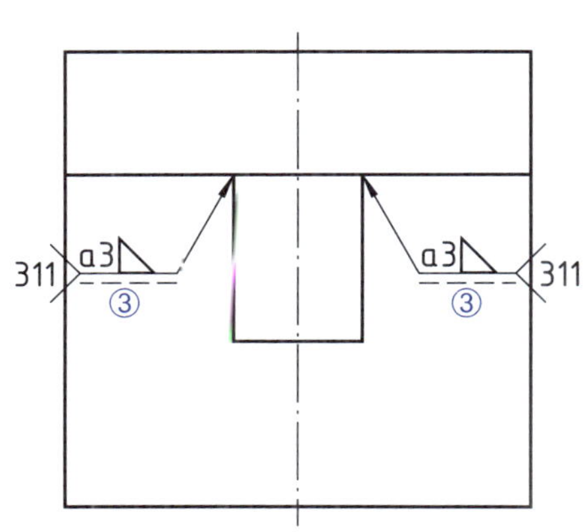

⑤ Schweißverfahren 311
⑥ Schweißstab: Stab EN 12 536 - O IV
⑦ Nachbehandlung: spannungsarm geglüht

Name	Klasse	Datum

3.6 Herstellen einer Schweißkonstruktion

3. Der Grundkörper der Bohrvorrichtung soll durch Gasschmelzschweißen hergestellt werden. Nennen Sie die hierzu notwendigen Aggregate und deren Funktion.

Aggregat	Funktion

4. Sie wollen den Schweißbrenner zünden. Beschreiben und begründen Sie, welches Ventil Sie zuerst öffnen.

5. Die Schweißarbeiten sind mit einer neutralen Flamme auszuführen. Beschreiben Sie die Auswirkungen dieser Einstellung.

6. Nennen und beschreiben Sie die anzuwendende Schweißrichtung, mit der Sie die Bauteile der Bohrvorrichtung schweißen.

7. Erstellen Sie eine Plakatpräsentation zum Thema „Unfallverhütung beim Schweißen". Das Plakat soll wichtige Regeln aufzeigen und kann mit Verbots-, Gebots- und Warnzeichen ergänzt werden. Erkundigen Sie sich auch in Ihrem Ausbildungsbetrieb nach besonderen Sicherheitseinrichtungen und beziehen Sie diese in die Präsentation mit ein.

Name	Klasse	Datum

KLEBEVORRICHTUNG 4

Verwendung

In einem Betrieb werden zwei Klebevorrichtungen zum Einkleben von Gummidichtungen in einen Gehäusedeckel eingesetzt.

Die mit Kleber eingestrichenen Gehäusedeckel und die Dichtungen werden von Hand in die Vorrichtung eingelegt. Die zu verklebenden Teile werden anschließend durch einen Druckluftzylinder aufeinander gepresst und verklebt.

Eine der beiden Klebevorrichtungen wird in einer explosionsgefährdeten Umgebung betrieben.

Gesamtauftrag

Die Steuerungen der Klebevorrichtungen sollen aufgebaut und in Betrieb genommen werden. Dabei soll folgender Steuerungsablauf realisiert werden:

Nach Betätigen der beiden Starttaster soll die Kolbenstange des doppeltwirkenden Zylinders in ca. zwei Sekunden ausfahren. Hat die Kolbenstange die Endlage erreicht, müssen die zu verklebenden Teile 10 Sekunden aufeinander gepresst werden. Nach Ablauf der Presszeit soll der Kolben selbstständig in die Ausgangslage endlagengedämpft einfahren.

Die Klebevorrichtung, die in explosionsgefährdeter Umgebung eingesetzt wird, ist mit einer pneumatischen Steuerung zu betreiben. Die zweite Vorrichtung soll eine elektrische Steuerung mit Relais erhalten.

Arbeitsaufträge

4.1 Analysieren der pneumatischen Steuerung

4.2 Aufbauen und in Betrieb nehmen der pneumatischen Steuerung

4.3 Analysieren der elektrischen Steuerung

4.4 Aufbauen und in Betrieb nehmen der elektrischen Steuerung

Pneumatikplan

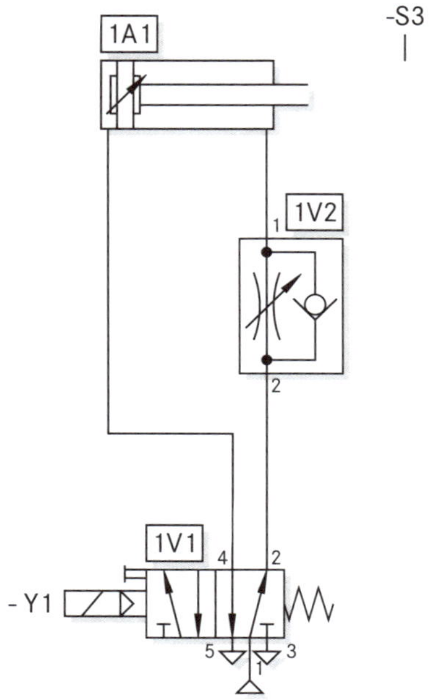

Schaltplan

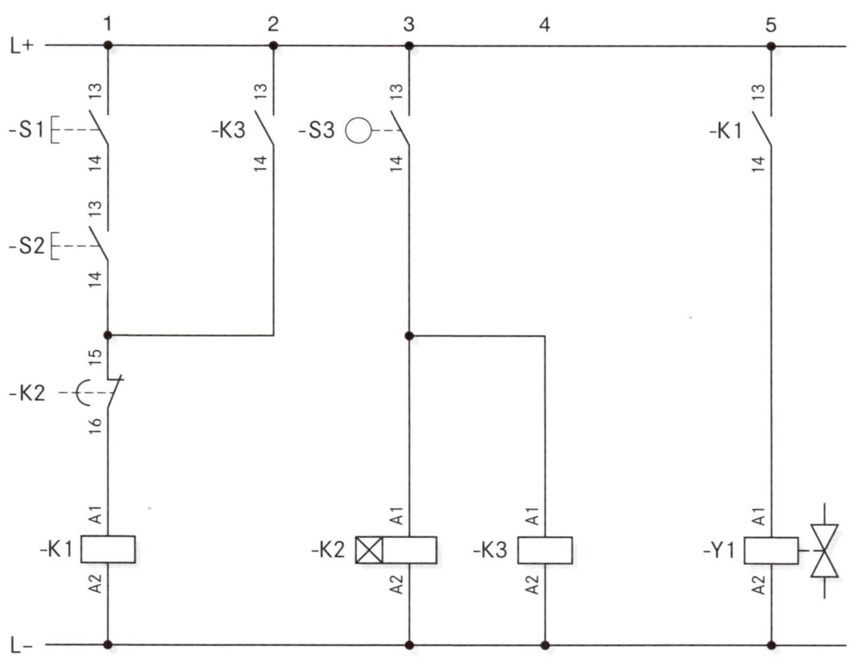

Kontakte	Pfad
13 - 14	5

Kontakte	Pfad
15 - 16	1

Kontakte	Pfad
13 - 14	2

Betriebsspannung	24 V DC
Absicherung	10 A
Arbeitsdruck	4,8 bar

	Datum	Name
Bearb.	10.01.05	Kaese
Gepr.		
Norm		
Abt.		

Elektropneumatischer Schaltplan
Klebevorrichtung

westermann

Blatt

Bl.

Zust. | Änderung | Datum | Name | Ursprung | Ersatz für : | Ersetzt durch :

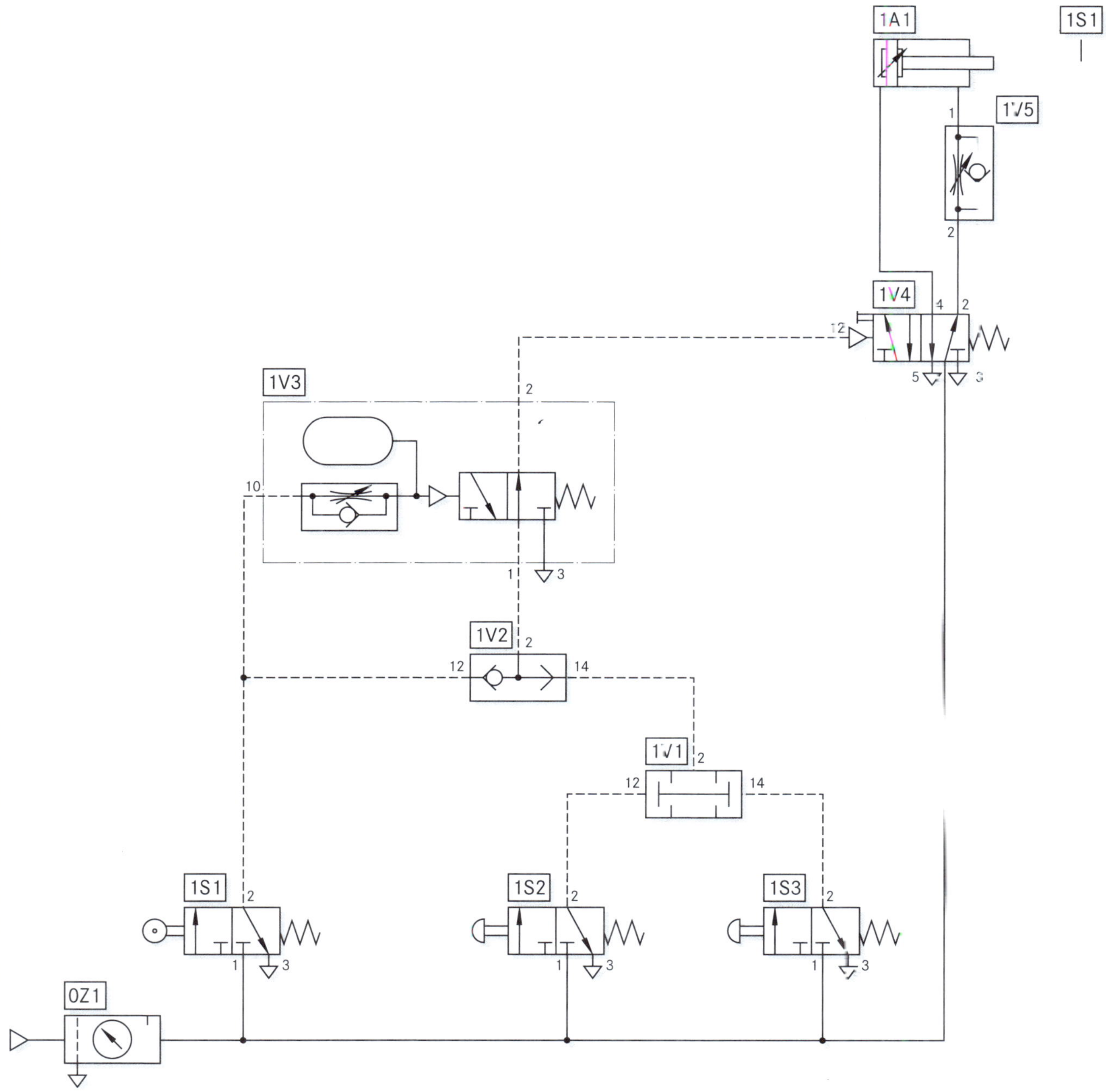

4,8 bar Arbeitsdruck

					Datum	Name	
				Bearb.	10.01.05	Kaese	Pneumatischer Schaltplan Klebevorrichtung
				Gepr.			
				Norm			
				Abt.			
				westermann			Blatt
							Bl.
Zust.	Änderung	Datum	Name	Ursprung	Ersatz für :		Ersetzt durch :

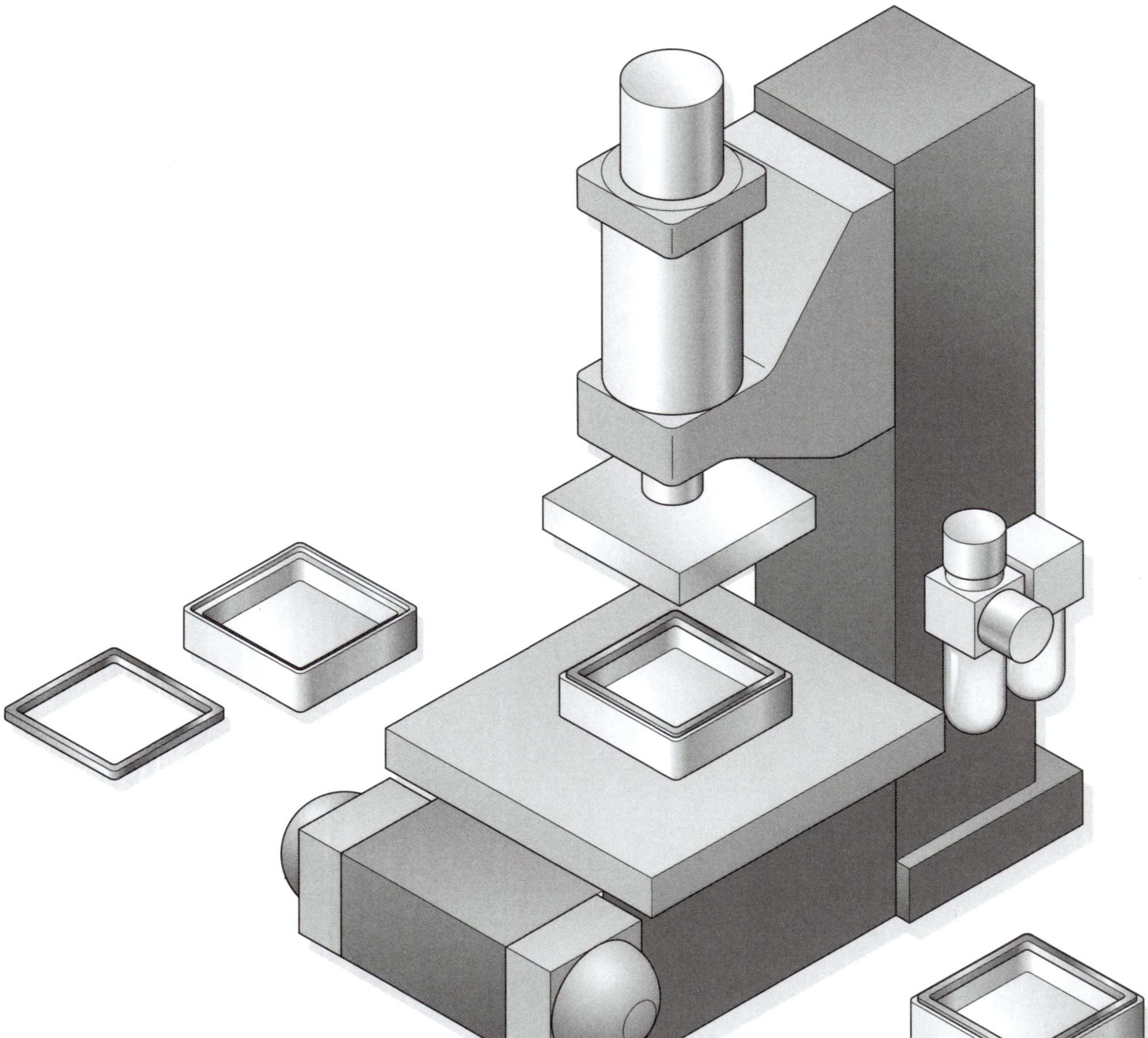

1. Stellen Sie fest, welche Bauglieder in der pneumatischen Schaltung eingebaut sind. Geben Sie die vollständige Benennung der Bauglieder und deren Funktion an.

Schaltzeichen	Benennung der Bauglieder	Funktion der Bauglieder

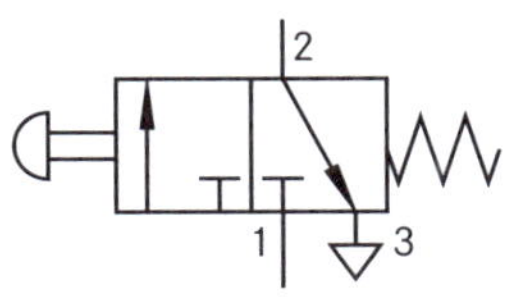		
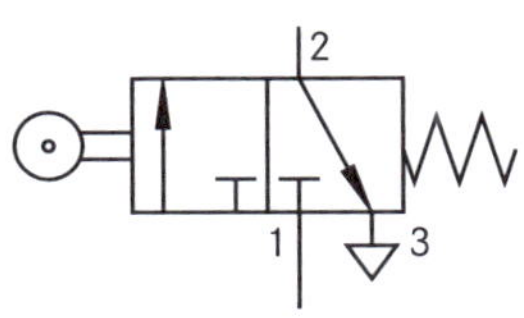		
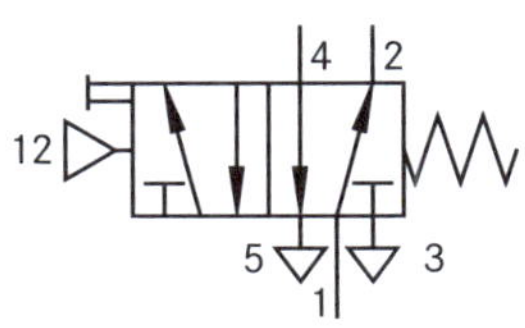		
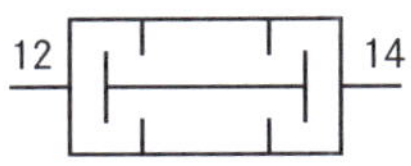		
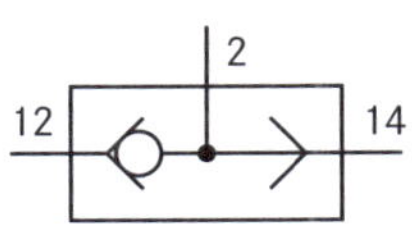		
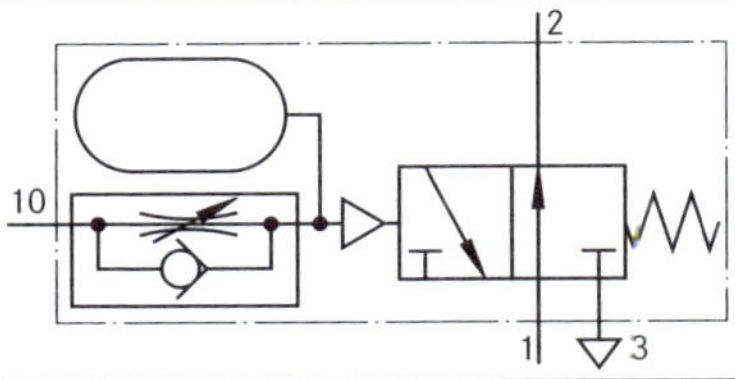		
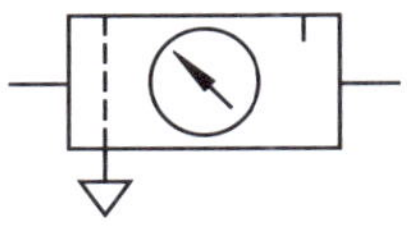		

Name	Klasse	Datum

4.1 Analysieren der pneumatischen Steuerung

2. Beschreiben Sie stichwortartig den Steuerungsablauf für die Klebevorrichtung anhand des pneumatischen Schaltplanes.

3. Stellen Sie die Arbeitsschritte des Zylinders 1A1 sowie die Schaltzustände des Stellgliedes 1V4 im Zustandsdiagramm dar. Zeichnen Sie auch die Signallinien ein.

Zustandsdiagramm

Bauglieder			Zeit (s)									
Benennung	Kennz.	Zustand	Schritt									
	1A1											
	1V4											

Name	Klasse	Datum

KLEBEVORRICHTUNG

Analysieren der pneumatischen Steuerung

4.1

4. Untersuchen Sie die Startbedingungen der Klebevorrichtung.
   a) Geben Sie die Anzahl und die Art der Ein- und Ausgänge sowie die Art der Signalverarbeitung im Steuerteil der Anlage an.
   b) Stellen Sie auch die Signalverarbeitung im Funktionsplan dar.

5. Erläutern Sie, weshalb in die Steuerung ein 5/2-Wegeventil mit Federrückstellung als Stellglied eingebaut werden soll und nicht ein 5/2-Wegeventil mit beidseitiger Druckluftbetätigung.

6. Halten Sie die Bedienung der Klebevorrichtung für sicher? Machen Sie einen Verbesserungsvorschlag.

Name	Klasse	Datum

4.1 Analysieren der pneumatischen Steuerung

7. Die zu verklebenden Werkstücke sollen mit einer Kraft von 800 N aufeinander gepresst werden. In die Vorrichtung ist ein doppelt wirkender Zylinder Ø 50/20 x 100 eingebaut. Welcher Arbeitsdruck muss für die Anlage eingestellt werden, wenn der Wirkungsgrad des Zylinders 85 % beträgt?

Name	Klasse	Datum

1. Die Anschlüsse der Bauglieder sind mit Zahlen gekennzeichnet. Geben Sie an, wie die Leitungen anzuschließen sind.

Anschlussbezeichnung	Leitungsart
1	
2, 4	
10, 12, 14	

2. Der Arbeitsdruck in der Anlage soll 4,8 bar betragen. An welchem Bauteil der Anlage stellen Sie den Arbeitsdruck für die Vorrichtung ein?

3. Die Ausfahrzeit des Zylinderkolbens und die Presszeit des Kolbens müssen eingestellt werden. Wie nehmen Sie die Einstellungen vor?

4. Welche Einstellungen nehmen Sie vor, damit der Zylinder gedämpft in seine Endlage einfährt?

Name Klasse Datum

4.2 Aufbauen und in Betrieb nehmen der pneumatischen Steuerung

5. Beim Anschluss des Drosselrückschlagventils wurden die beiden Anschlüsse verwechselt. Der Anschluss 1 des Drosselrückschlagventils wurde mit dem Anschluss 2 des Stellgliedes verbunden.
   Welchen Fehler stellen Sie im Steuerungsablauf fest?

6. Das Rollenhebelventil 1S1 wurde fehlerhaft eingebaut. Es wird beim Ausfahren des Kolbens kurz betätigt, bevor das Zusammenpressen der Teile erfolgt. Welchen Fehler stellen Sie im Steuerungsablauf fest?

7. Bauen Sie die Steuerung im Steuerungslabor beispielhaft auf und nehmen Sie alle notwendigen Einstellungen für die Inbetriebnahme vor. Dokumentieren Sie die Maßnahmen in einem Abnahmeprotokoll.

Abnahmeprotokoll	
Maßnahme	**Einstellwert**
Arbeitsdruck an der Aufbereitungseinheit einstellen	

8. Die Aufbereitungseinheit muss während des Betriebes der Klebevorrichtung regelmäßig gewartet werden. Geben Sie die dabei durchzuführenden Maßnahmen an.

Name	Klasse	Datum

Analysieren der elektrischen Steuerung

1. Stellen Sie fest, welche Betriebsmittel in der elektrischen Steuerung eingebaut sind. Geben Sie die vollständige Benennung der Betriebsmittel und deren Funktion an.

Schaltzeichen	Benennung	Funktion

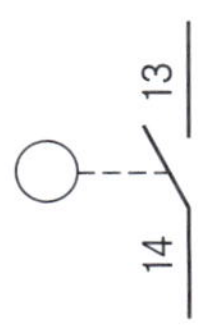		

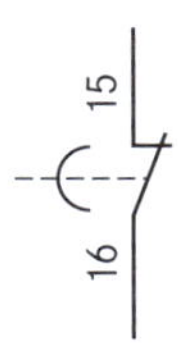		
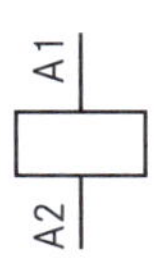		
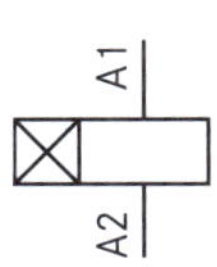		
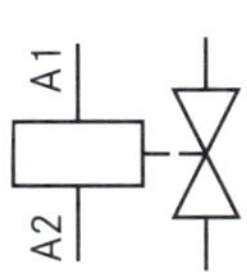		
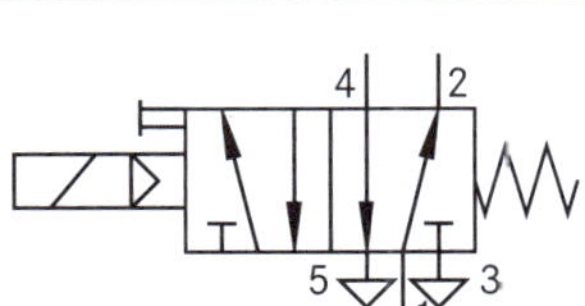		

Name Klasse Datum

4.3 Analysieren der elektrischen Steuerung

2. Beschreiben Sie stichwortartig den Steuerungsablauf für die Klebevorrichtung anhand des elektropneumatischen Schaltplanes.

3. Untersuchen Sie die Startbedingungen der Klebevorrichtung.
   a) Geben Sie die Anzahl und die Art der Ein- und Ausgänge sowie die Art der Signalverarbeitung in der elektrischen Schaltung an.
   b) Stellen Sie die Signalverarbeitung im Funktionsplan dar.

Name	Klasse	Datum

Aufbauen und in Betrieb nehmen der elektrischen Steuerung

1. Die Ausfahrzeit des Zylinderkolbens und die Presszeit des Kolbens müssen eingestellt werden. Welche Einstellungen nehmen Sie im elektrischen Schaltungsteil vor?

2. Bei der Inbetriebnahme der Klebevorrichtung stellen Sie fest, dass der Zylinderkolben ordnungsgemäß ausfährt aber nicht mehr selbsttätig einfährt. Geben Sie mögliche Fehlerursachen in der elektrischen Schaltung dafür an.

3. Durch eine Spannungsprüfung soll die Funktionsfähigkeit der Magnetspule des Zeitrelais überprüft werden. Geben Sie an, wie die Prüfung durchzuführen ist.

4. Stellen Sie fest, ob die elektrische Schaltung an ein Netzgerät mit den Daten 24 V und 5 A angeschlossen werden kann.
   Nach Herstellerangaben beträgt die Leistungsaufnahme für die Relais je 10 W und für das Magnetventil 15 W. Vergleichen Sie dazu
   a) die Gesamtstromstärke, die zur Versorgung der Schaltung notwendig ist, mit der maximalen Stromstärke des Netzteils.
   b) die Leistungsaufnahme durch Relais und Magnetventil mit der Leistung des Netzteils.

Name	Klasse	Datum

4.4 Notizen

Name	Klasse	Datum

5 DREHMASCHINE

Gesamtauftrag

Die abgebildete Drehmaschine soll fachgerecht und fristgerecht gewartet werden. Dazu stehen als Unterlagen der Schmierplan und die Schmieranweisung zur Verfügung. Sie sind Bestandteil der vom Hersteller mitgelieferten Betriebsanweisung und sind einzuhalten.

Zweck

Durch die Wartung sollen Störungen an der Drehmaschine vermieden, die Nutzungsdauer der Maschine verlängert, die Arbeitssicherheit gewährleistet sowie fehlerhafte Produkte und ein Verlust der Gewährleistung vermieden werden.

Arbeitsaufträge

Beim Warten der Drehmaschine sind folgende Maßnahmen durchzuführen:

5.1 Beachten und Anwenden sicherheitstechnischer Maßnahmen

5.2 Auswerten des Schmierplanes

5.3 Warten der Drehmaschine

5.4 Pflege von Kühlschmierstoffen

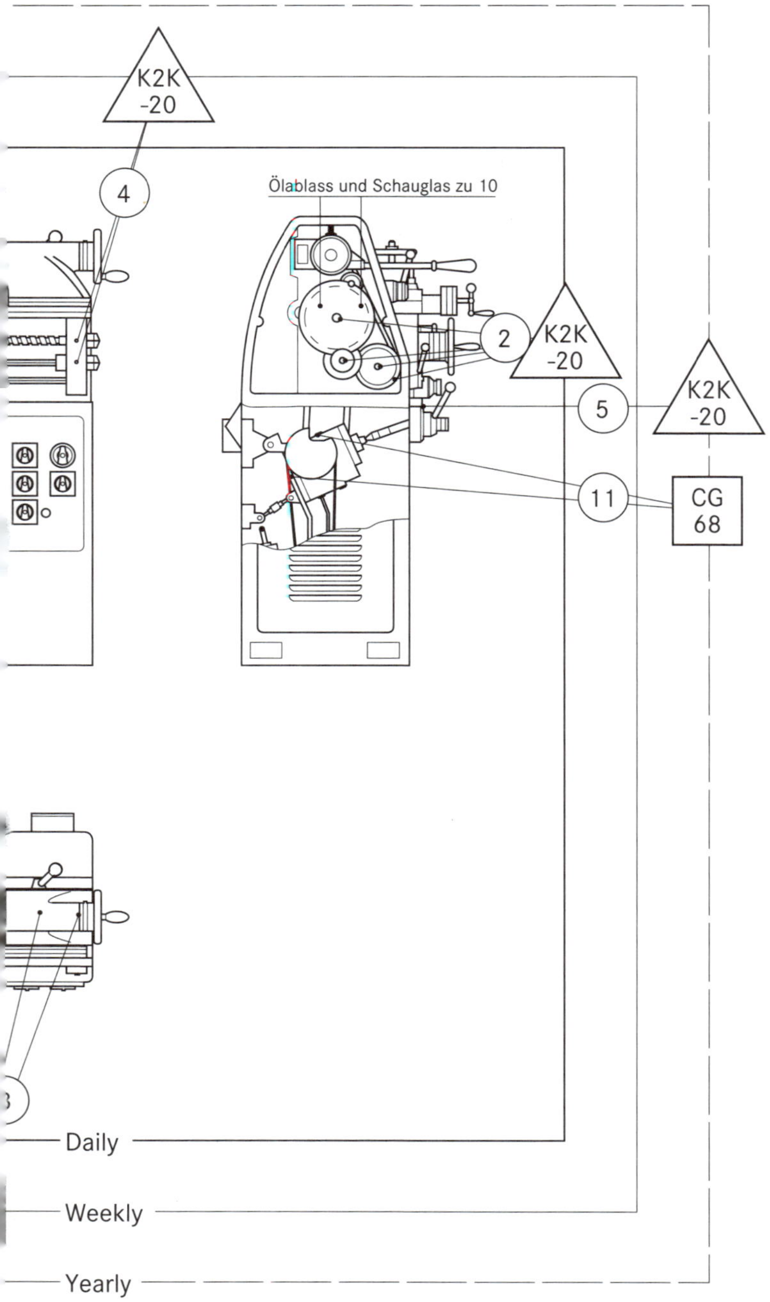

Ölstand an den Schaugläsern laufend überwachen

	Schmiervorschrift
schlitten	3 bis 4 Hübe mit Ölpresse
	3 bis 4 Hübe mit Fettpresse
	3 bis 4 Hübe mit Ölpresse
ng	3 bis 4 Hübe mit Fettpresse
und Vorschübe	3 bis 4 Hübe mit Fettpresse
	3 bis 4 Hübe mit Fettpresse
	Öl wechseln, Mitte Ölschauglas
	Öl wechseln, Mitte Ölschauglas
	Öl wechseln, Mitte Ölschauglas
elrädergetriebe	Öl wechseln, Mitte Ölschauglas
	Öl wechseln, 0,5 Liter

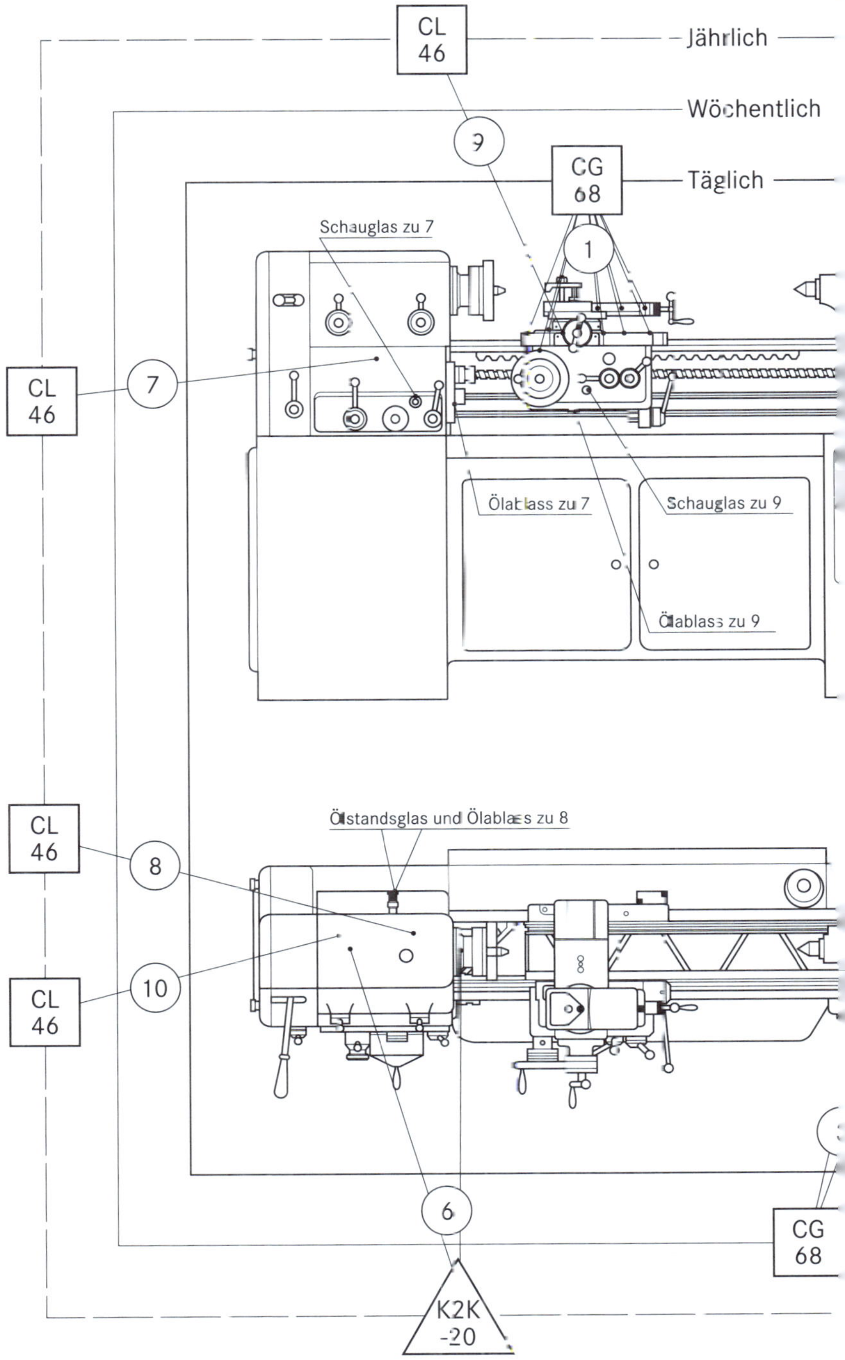

Schmieranweisung

Schmierstelle	Baugruppe
1	Werkzeug-, Plan- und Ober
2	Wechselräder
3	Reitstock
4	Zug- und Leitspindellageru
5	Schalthebel für Drehzahler
6	Lagerung der Hauptspinde
7	Vorschubgetriebe
8	Spindelstock
9	Schlosskastengetriebe
10	Spindelantrieb zum Wechs
11	Hauptgetriebe

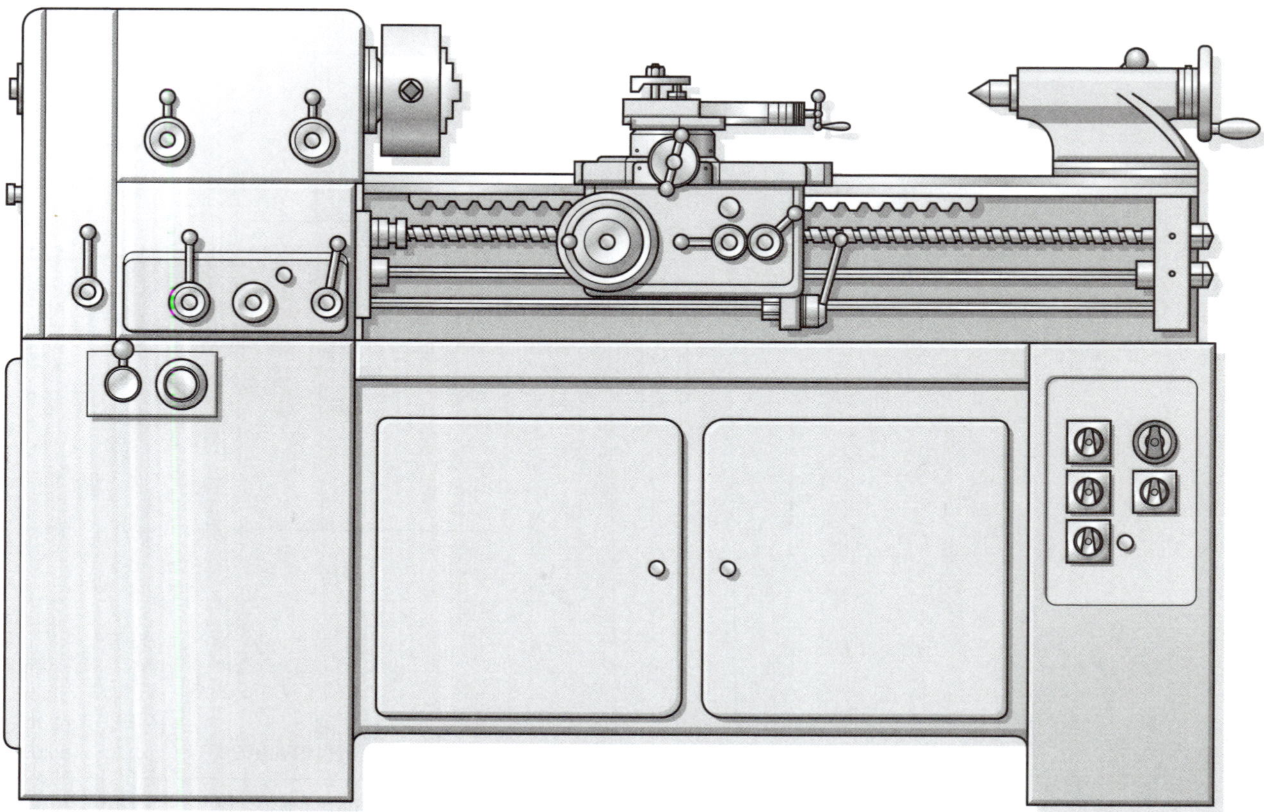

1. Die Drehmaschine soll gewartet werden. Welche Sicherheitsmaßnahmen sind vor Beginn der Wartungsarbeiten durchzuführen?

2. Bei der Wartung der Drehmaschine ist auf die Gefahr durch elektrischen Strom zu achten. Dazu gehört auch die Inspektion der elektrischen Anlagenteile der Drehmaschine. Beschreiben Sie, welche Teile Sie einer Sichtprüfung unterziehen und worauf dabei zu achten ist.

3. Berührt eine Person eine Drehmaschine bei der der Motor aufgrund eines Isolationsfehlers unter Spannung steht, so fließt durch sie ein Körperstrom I_K. Die Größe des Stromes ist abhängig von dem elektrischen Körperwiderstand R_K der Person (siehe Tabelle) und dem Übergangswiderstand $R_Ü$ zwischen dem Gerät und der Person sowie dem Standort.

Elektrische Körperwiderstände R_K	
Bei 230 V Wechselstrom mit 50 Hz ergibt sich ein elektrischer Widerstand von etwa:	
Hand – Hand oder Hand – Fuß	1000 Ω
Hand – Füße	750 Ω
Hände – Füße	500 Ω
Hand – Rumpf	500 Ω
Hände – Rumpf	250 Ω
Bei 50 Volt verdoppeln sich die Werte in etwa	

a) Beschreiben Sie die Einflüsse, von denen der elektrische Körperwiderstand R_K des Menschen abhängt.

b) Beschreiben Sie drei Einflüsse, die den Übergangswiderstand $R_Ü$ herabsetzen.

c) Nennen Sie zwei Beispiele für Arbeitskleidung, die den Übergangswiderstand vergrößert.

Name Klasse Datum

5.1 Beachten und Anwenden sicherheitstechnischer Maßnahmen

4. a) Berechnen Sie die Stromstärke, die durch den menschlichen Körper fließt, wenn ein Motor unter 230 V Spannung mit der Hand berührt wird, die Durchströmung über beide Füße erfolgt und der Übergangswiderstand 1000 Ω beträgt.
   b) Beschreiben Sie die Art der Gefährdung bei einer Durchströmungszeit von 0,5 s.

5. Beschreiben Sie die Erst-Maßnahmen bei Unfällen durch elektrischen Strom.

6. Auf dem Typenschild des Elektromotors einer Drehmaschine befindet sich folgendes Zeichen. Beschreiben Sie die Bedeutung des Zeichens.

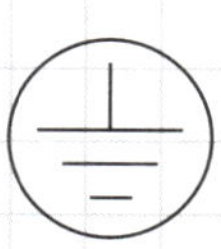

7. Bei Arbeiten in Metallbehältern ist eine Schutzkleinspannung von höchstens 50 V Wechselspannung vorgeschrieben.
   a) Berechnen Sie die Stromstärke, die durch den menschlichen Körper fließt, wenn ein leitender Gegenstand mit der Hand berührt wird, die Durchströmung über beide Füße erfolgt und der Übergangswiderstand 1000 Ω beträgt.
   b) Beschreiben Sie die Art der Gefährdung bei einer Durchströmungszeit von 0,5 s.

Name | Klasse | Datum

1. Welche Informationen können dem Schmierplan der Drehmaschine entnommen werden?

2. Erläutern Sie die Bezeichnung der eingesetzten Schmierstoffe.

CG
68

CL
46

K2K
-20

3. Im Schmierstofflager steht ein Mineralöl CG 22 zur Verfügung. Welche Veränderungen weist es gegenüber dem Öl CG 68 hinsichtlich der Eigenschaften und des Schmierverhaltens auf?

4. Im Schmierstofflager steht ein Schmierfett K3K-20 zur Verfügung. Welche Veränderungen weist es gegenüber dem Fett K2K-20 hinsichtlich der Eigenschaften und des Schmierverhaltens auf?

Name	Klasse	Datum

5.2 Auswerten des Schmierplanes

5. Erforderliche Wartungstätigkeiten werden in Schmierplänen häufig mit Sinnbildern angegeben.
Ordnen Sie den Sinnbildern die Nummern aus dem Schmierplan zu.

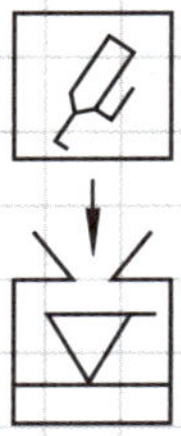

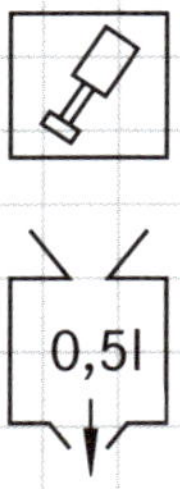

6. Entnehmen Sie aus dem Schmierplan der Drehmaschine die Wartungstätigkeiten und ergänzen Sie die Wartungsanleitung. Orden Sie dabei die Tätigkeiten nach der Häufigkeit.

Wartungsanleitung								Drehmaschine
Lfd.-Nr.	Auszuführende Arbeiten	Mess- u. Prüfgröße; Betriebsstoffe	Häufigkeit h	d	w	m	a	Bemerkungen
1								

7. Geben Sie an, warum Schmierstellen vor dem Schmieren zu reinigen sind.

8. Nennen Sie die Aufgaben, die der Schmierstoff an folgenden Stellen erfüllen soll:

Hauptgetriebe:

Werkzeugschlitten:

Name | Klasse | Datum

1. In der betrieblichen Praxis werden Wartungs- und Inspektionstätigkeiten häufig in einer gemeinsamen Wartungs- und Inspektionsanleitung zusammengefasst.
   Welche der Arbeiten bis zur laufenden Nummer 10 gehören zur Wartung und welche gehören zur Inspektion? Geben Sie dazu jeweils die laufende Nummer an.

Wartungsanleitung								Drehmaschine
Lfd.-Nr.	Auszuführende Arbeiten	Mess- u. Prüfgröße; Betriebsstoffe	Häufigkeit h	d	w	m	a	Bemerkungen
1	Sichtprüfung der Maschine auf			1				
	Beschädigungen, Leckagen u.ä.							
2	Werkzeugschlitten schmieren	Schmieröl CG68		1				mit Ölpresse
3	Ölstand der Getriebe überprüfen und			1				Mitte Ölschauglas
	falls erforderlich Öl nachfüllen							
4	Kühlmittelstand kontrollieren und falls			1				
	erforderlich Kühlschmierstoff auffüllen							
5	Späne im Arbeitsraum entfernen			1				
6	Zug- und Leitspindellagerung schmieren	Schmierfett K2K-20			1			mit Fettpresse
7	Siebe kontrollieren und bei Bedarf				1			
	reinigen							
8	Reitstock schmieren	Schmieröl CG68			1			mit Ölpresse
9	Führungsbahnenabstreifer überprüfen					1		
	und bei Bedarf erneuern							
10	Riemenspannung prüfen und gege-					1		
	benenfalls nachstellen							
21	Hauptgetriebe Öl wechseln	Getriebeöl CL46					1	0,5 Liter
22	Spiel der Führungen überprüfen und						1	
	falls erforderlich Spiel einstellen							
23	Filter erneuern						1	
29	Polycarbonat-Sichtscheibe des Sicht-						2	
	fensters erneuern							

Wartung:

Inspektion:

2. Warum lassen sich einige Arbeiten nicht eindeutig zuordnen?

Name Klasse Datum

5.3 Warten der Drehmaschine

3. Die Wartung umfasst unterschiedliche Teilmaßnahmen.
   a) Tragen Sie die Bezeichnungen der Teilmaßnahmen in die untenstehende Tabelle ein.
   b) Ordnen Sie jeweils zwei Tätigkeiten aus der Wartungs- und Inspektionsanleitung zu.

	Wartung				
a)					
b)					

4. In der Wartungs- und Inspektionsanleitung sind Arbeiten angegeben, die täglich erfolgen sollen. Geben Sie an, welche dieser Arbeiten zu Arbeitsbeginn und welche bei Arbeitsende auszuführen sind. Begründen Sie auch die Notwendigkeit der Arbeiten.

Arbeitsbeginn:

Arbeitsende:

5. Die Bedienungsanleitung des Herstellers enthält den Hinweis, dass die Drehmaschine nicht mit Pressluft gereinigt werden darf.
   Geben Sie mögliche gesundheitliche Beeinträchtigungen für den Menschen und Folgen für die Maschine an, wenn dieser Hinweis nicht beachtet wird.

6. Welche Wartungstätigkeiten sind notwendig, um die Drehmaschine vor Korrosion zu schützen.

7. Geben Sie an, zu welchen allgemeinen Korrosionsschutzmaßnahmen die in Aufgabe 6 genannten Tätigkeiten gehören.

Name	Klasse	Datum

Pflege von Kühlschmierstoffen

1. Beschreiben Sie die Gesundheitsgefahren, die beim Umgang mit wassermischbaren Kühlschmierstoffen auftreten können.

2. Beschreiben Sie, wie die Pflegemaßnahmen von wassermischbaren Kühlschmierstoffen durchzuführen sind, um deren Gebrauchsfähigkeit zu erhalten und Gesundheitsgefahren gering zu halten.

3. Eine Drehmaschine wird nur selten eingesetzt. Schlagen Sie eine Maßnahme vor, durch die die Bildung von Faulgasen im Kühlschmierstoffkreislauf der Maschine verhindert werden kann. Begründen Sie Ihren Vorschlag.

4. Bei der Kontrolle des Behälters für Kühlschmierstoff stellen Sie fest, dass sich auf der Oberfläche des Kühlschmierstoffes Öl befindet.
   a) Wodurch lässt sich das aufgeschwommene Öl auf dem Kühlschmierstoff erklären?

   b) Wie beseitigen Sie das aufgeschwommene Öl?

5. Beim Wechsel des Kühlschmierstoffes wird Kühlschmierstoff auf den Boden verschüttet. Wie verhalten Sie sich?

Name	Klasse	Datum

5.4 Pflege von Kühlschmierstoffen

6. Die Pflege des Kühlschmierstoff wird in einem Protokoll erfasst und dokumentiert.
Nachstehende Tabelle zeigt einen Auszug aus dem Protokoll.

SCHMIERSTOFFPFLEGE

Maschinenbezeichnung:	Drehmaschine	Kühlschmierstoff:	ISOPAL S55
Inventarnummer:	099 92 101	Soll-Konzentration:	5 - 6 %
Kostenstelle:	5235	Soll-Nitritgehalt:	< 20 mg/l
Füllvolumen:	15 l	Soll-pH-Wert-Bereich:	8 - 9,2

Datum	Konzentration (%)	pH-Wert	Bakterien/ Pilze	Nitritgehalt	Anmerkung/ Maßnahmen	Unterschrift
10. 05. 04	6,0	7,5		15 mg/l		
17. 06. 04	6,5	9,0		18 mg/l		
29. 08. 04	4,5	8,8		18 mg/l		
02. 11. 04	5,5	8,4		30 mg/l		

a) Am 10.05.2004 wurde ein pH-Wert gemessen, der unter dem vorgeschriebenen Wert liegt.
Beschreiben Sie die durchzuführende Maßnahme.

b) Am 17.06.2004 wurde die vorgeschriebene Gebrauchskonzentration überschritten.
Beschreiben Sie die durchzuführende Maßnahme.

c) Am 29.08.2004 wurde die vorgeschriebene Gebrauchskonzentration unterschritten.
Beschreiben Sie die durchzuführende Maßnahme.

d) Am 02.11.2004 wurde ein Nitritgehalt ermittelt, der den vorgeschriebenen Grenzwert übersteigt.
Beschreiben Sie die durchzuführende Maßnahme.

Name	Klasse	Datum

Notizen

Name

Klasse

Datum

5.4 Notizen

Name

Klasse

Datum